Gestão Patrimonial

Gestão Patrimonial

ASPECTOS TRIBUTÁRIOS

2021

Nicolli Anversa Colli

ALMEDINA

GESTÃO PATRIMONIAL
ASPECTOS TRIBUTÁRIOS

AUTOR: Nicolli Anversa Colli

DIRETOR ALMEDINA BRASIL: Rodrigo Mentz
EDITORA JURÍDICA: Manuella Santos de Castro
EDITOR DE DESENVOLVIMENTO: Aurélio Cesar Nogueira
ASSISTENTES EDITORIAIS: Isabela Leite e Larissa Nogueira

DIAGRAMAÇÃO: Almedina
DESIGN DE CAPA: FBA

ISBN: 9786556274171
Dezembro, 2021

Dados Internacionais de Catalogação na Publicação (CIP)
(Câmara Brasileira do Livro, SP, Brasil)

Colli, Nicolli Anversa
Gestão patrimonial : aspectos tributários /
Nicolli Anversa Colli. -- São Paulo : Almedina, 2021.

Bibliografia.
ISBN 978-65-5627-417-1

1. Direito de propriedade - Brasil 2. Direito
tributário - Brasil 3. Impostos - Brasil
4. Investimentos - Brasil 5. Propriedade - Brasil
I. Título.

21-89056 CDU-34:336.2(81)

Índices para catálogo sistemático:

1. Brasil : Gestão patrimonial : Direito tributário 34:336.2(81)

Cibele Maria Dias - Bibliotecária - CRB-8/9427

Este livro segue as regras do novo Acordo Ortográfico da Língua Portuguesa (1990).

EDITORA: Almedina Brasil
Rua José Maria Lisboa, 860, Conj.131 e 132, Jardim Paulista | 01423-001 São Paulo | Brasil
editora@almedina.com.br
www.almedina.com.br

SUMÁRIO

1. INTRODUÇÃO

Antes de adentrarmos à apresentação do tema propriamente dito, precisamos esclarecer o que é *wealth management*. A tradução livre dessa expressão significa gestão de riquezas e no Brasil a utilizamos como sinônimo de gestão patrimonial.

Historicamente falando, o conceito de patrimônio está ligado aos conceitos de acúmulo e retenção de recursos. Importante destacar que patrimônio não é um conceito imutável, podendo variar de região para região e de acordo com a época.

Considerando que patrimônio está intimamente ligado ao conceito de acúmulo, a gestão serve como ferramenta para otimizar os recursos de uma pessoa física ou jurídica. Em outras palavras, na atualidade, *wealth menagement* significa o gerenciamento de patrimônio, englobando tanto os bens, quanto os direitos e obrigações.

A gestão patrimonial tem como uma de suas características a multidisciplinariedade, pois para que seja realizada de maneira adequada é preciso se observar os aspectos administrativos, financeiros, contábeis e jurídicos. Assim, o presente trabalho visa a análise dos aspectos tributários e seus impactos nas tomadas de decisões das pessoas físicas no manejamento de seus recursos.

Como é sabido, o Brasil é um dos países com a maior carga tributária do mundo, ocupando o 8º no ranking de competitividade mundial entre 138 países[1], segundo o relatório de competitividade global emitido pelo Fórum Econômico Mundial de 2016.

[1] SEBRAE. Relatório de competitividade global. Disponível em <http://ois.sebrae.com.br/publicacoes/ relatorio-de-competitividade-global-2016-2017/>. Acesso em 03/07/2020.

Pois bem, considerando a altíssima carga tributária no país, não poderia ser outro o comportamento dos contribuintes, senão a sua reorganização, societária e patrimonial por exemplo, para se obter uma estrutura tributária mais eficiente.

Além disso, com a patente instabilidade política pela qual o país passa, as pessoas físicas também começaram a se movimentar no sentido de proteger seu patrimônio e obter a maior eficiência tributária possível.

Assim, considerando a alta carga tributária do país e a instabilidade do cenário político em que se vive, não restam dúvidas que tanto as pessoas físicas e jurídicas têm procurado formas de reduzir a carga tributária a que estão sujeitas para proteger seu patrimônio e/ou se tornar mais competitivo no mercado.

Em outras palavras, a área de *wealth manegement* vêm crescendo muito nos últimos anos no Brasil e esse crescimento se dá em razão de dois fatores, quais sejam: (i) a instabilidade política brasileira nos últimos anos; e (ii) as crises econômicas mundiais.

Em razão das instabilidades político-econômicas foi se desenvolvendo um sentimento de necessidade de gestão de recursos para que em um futuro próximo ou distantes esses recursos não sejam escassos.

No entanto, a gestão patrimonial não está ligada somente à área financeira, mas também a área tributária. Quando adentramos às questões tributárias percebemos que muitos podem ser os deslindes. Utilizaremos aqui, apenas para facilitar, como exemplo o imposto de renda. Nos últimos anos foi possível se verificar que diversas pessoas, físicas ou jurídicas, foram autuadas pelo suposto não recolhimento de imposto de renda.

Ademais, a jurisprudência dos órgãos administrativos e dos órgãos judicias não é uníssona, de tal forma que as pessoas físicas e as pessoas jurídicas não têm condições de quantificar e/ ou classificar seu risco em uma tomada de decisões.

Além disso, nos últimos anos se têm criado e dado novas roupagens à figuras jurídicas, como abuso de direito, propósito negocial, fraude, simulação, para que o contribuinte seja sempre optar o caminho mais oneroso tributariamente falando.

Importante destacar que, inclusive o termo "planejamento tributário" está ganhando uma carga semântica negativa, como se no ordenamento jurídico brasileiro não existissem o conceito e evasão e elisão fiscal.

Caso ainda restem dúvidas quanto a atualidade do tema, na sessão de julgamento do dia 10 de setembro de 2019, da Câmara Superior de Recursos Fiscais — CSRF, foi julgado o auto de infração lavrado para a cobrança de imposto de renda sobre o ganho de capital (Processo Administrativo 16561.720170/2014-01).

Em referida decisão, por voto de qualidade restou decidido que o fundo de investimento e participação era apenas uma empresa veículo para a venda de um frigorífico. Note-se que esse foi o primeiro caso envolvendo fundo de investimento em participações (FIP) julgado pela CSRF.

Pois bem, considerando a complexidade e a extensão do tema, qual seja a gestão patrimonial, e as diversas áreas de expertise que envolve, a primeira delimitação que faremos é a de analisar os aspectos tributários.

Além disso, considerando que tanto as pessoas físicas quanto as pessoas jurídicas possuem patrimônio passível de gerenciamento, no presente trabalho nos limitarmos à análise da gestão de patrimônio das pessoas físicas.

Nesse trabalho, pretende-se ainda analisar a eficiência tributária do patrimônio das pessoas físicas através de quatro estruturas societárias comumente utilizadas: (i) *holdings*; (ii) *trust*; e (iii) fundos de investimento e participações.

Por fim, a última delimitação que faremos se refere ao local da tributação do patrimônio do patrimônio da pessoa física. Independentemente do local onde as estruturas societárias estiverem alocadas, direcionaremos o nosso estudo à tributação no Brasil.

2. GESTÃO PATRIMONIAL

2.1. Definição de gestão patrimonial

Definir o conceito de gestão patrimonial ou como também é conhecida *wealth management*, não é tarefa fácil, visto que não se trata de uma matéria exata. A esse respeito David Maude aduz:

> Não existe uma definição padrão aceita de gestão patrimonial — tanto em termos de produtos e serviços fornecidos quanto na constituição da base de clientes atendida — mas uma definição básica seria um serviço financeiro fornecido a clientes ricos, principalmente indivíduos e suas famílias. [2]

Como é possível se depreender do trecho acima colacionado, segundo o autor, *wealth management* pode ser definido como um serviço financeiro capaz de ensejar o bem estar do contratante, bem como o de sua família.

Para compreendermos melhor o que é gestão patrimonial e sua importância, importante analisar também quais são as atribuições de um gestor patrimonial. A esse respeito dispõe Harold Evensky[3]:

[2] There is no generally accepted standard definition of wealth management — both in terms of the products and services provided and the constitution of the clients base served — but a basic definition would be a financial service provided to wealthy clients, mainly individuals and their families. MAUDE, David. **Global private banking and wealth management.** London: John Wiley & Sons, 2007, p. 01.

[3] As is the case with any professional financial planner, the wealth manager's focus is the client. His efforts are devoted to helping clients achieve life goal through the proper manage-

> Como é o caso de qualquer planejador financeiro profissional, o foco do gerente de patrimônio é o cliente. Seus esforços são dedicados a ajudar os clientes a alcançar a meta de vida através do gerenciamento adequado de seus recursos financeiros. [...] Como especialista em planejamento financeiro, o gerente de patrimônio projeta um plano específico para o cliente. Ao fazer isso, ele se preocupa com a coleta de dados, estabelecimento de metas, identificação de questões financeiras (e não financeiras), preparação de alternativas, recomendações e implementação de análises e revisões periódicas e revisões dos planos do cliente.

A gestão do patrimônio vai além do simples planejamento financeiro ele visa proporcionar ao cliente e as suas famílias o alcance de seus objetivos a longo prazo. A esse respeito também dispõe Maria Ângela de Azevedo Nunes[4]:

> Nos últimos anos, tenho tido a oportunidade de me dedicar a esse prazeroso ofício, o de desenvolver com os meus clientes e as suas famílias seu planejamento financeiro. Alguns processos são mais simples, outros são mais complexos, mas todos, em diferentes graus, transformadores. E são transformadores por dar às pessoas uma visão mais ampla de suas próprias vidas, por descortinar muitas vezes aspectos não visíveis, por ajuda-los nas muitas decisões a serem tomadas e na mudança de hábitos, e por trazer maior conscientização do universo psicológico e emocional no qual estamos, todos nós, envolvidos.

Como mencionado anteriormente e como se verifica no excerto acima, a gestão patrimonial não é uma ciência exata. Embora a gestão patrimonial tenha o incremento patrimonial como principal característica,

ment of their financial resources.[...] As a financial planning specialist, the wealth manager designs a client-specific plan. In doing so, he is concerned with data gathering, goal setting, identification of financial (and nonfinancial) issues, preparation of alternatives, recommendations, and implementation of and periodic reviews and revisions of the client's plans. EVENSKY, Harold. **Wealth management: the financial advisor's guide to investing and managing clients assets.** New York: McGraw-Hill, 1997, p. xiv.

[4] SOUSA, Almir Ferreira de. TORRALVO, Caio Fragata. KRAUTER, Elizabeth. ROCHA, Ricardo Humberto (coords.) **Planejamento financeiro pessoal e gestão do patrimônio: fundamento e prática.** 2 ed. Barueri: Manole, 2018, p.02.

este deve ser adequado e adaptado às necessidades e objetivos de cada cliente. Não há, portanto, uma fórmula pronta.

Sabendo-se que a gestão patrimonial não é uma ciência exata e esta deve se adaptar às necessidades e objetivos de cada um dos contratantes, é de suma importância que os gestores de patrimônio conheçam bem seus clientes para que possam realizar um planejamento personalizado. Veja o que dispõe Harold Evensky[5] sobre os relacionamentos com os clientes:

> O processo começa com o estabelecimento formal do relacionamento com o cliente. Mesmo nesta fase inicial, o gerente de patrimônio deve personalizar o processo para refletir as experiências pessoais do cliente. Isso incluí não apenas fatores óbvios como sua experiência de investimento, mas circunstâncias pessoais significativas, como estado civil e motivação (por exemplo, divórcio recente, aposentadoria iminente, considerações fiduciárias).

A partir do relacionamento com o cliente é possível se extrair quais são objetivos com o planejamento patrimonial. Muitas vezes estes objetivos se estendem além do acúmulo de patrimônio e envolvem questões sucessórias e familiares, tratando-se, portanto, de uma matéria interdisciplinar.

Gestão patrimonial pode ser definida então como o relacionamento entre o gestor e seus contratantes, identificando seus objetivos a longo prazo, para uma melhor empregabilidade dos recursos financeiros disponíveis para a viabilização dos objetivos estabelecidos.

2.2. Importância dos aspectos tributários na gestão patrimonial

Como visto, o *wealth management,* pode ser definido como um serviço financeiro capaz de ensejar o bem estar do contratante, bem como o

[5] The process begins with the formal establishment of the client relationship. Even at this early stage, the wealth manager must customize the process to reflect the client's personal experiences. This would include not only obvious factors as his investment experience, but significant personal circumstances such as marital status and motivation (e.g. recent divorce, impending retirement, fiduciary considerations). EVENSKY, Harold. **Wealth management: the financial advisor's guide to investing and managing clients assets**. New York: McGraw-Hill, 1997, p. 1

de sua família. Para que o serviço financeiro seja eficaz e completo, é preciso que este leve em consideração os aspectos tributários que o envolvem.

A esse respeito Harold Evensky[6] aduz que o bom gestor patrimonial é aquele que não ignora a matéria tributária em seus projetos. Isso porque o direito tributário pode impactar de maneiras diferentes os produtos a serem vendidos para os clientes, bem como as estratégias a serem adotas.

Ainda sobre a importância do Direito Tributário na gestão patrimonial, Livia de Carli Germano e Mário Shingaki[7], assim dispõem:

> Visa, ainda, leva os planejadores financeiros a uma reflexão, na medida em que, se por um lado a carga tributária pode dilapidar esse patrimônio, por outro é possível a adoção de medidas lícitas para a redução dos tributos. Afinal, se planejar é antecipar a ocorrência de eventos pela avaliação de suas consequências, a produção de renda e a transferência de patrimônio são os principais eventos que ensejam dúvidas quando à possibilidade de adotar medidas capazes de reduzir o impacto tributário.

Como é possível se extrair do trecho acima colacionado, uma gestão patrimonial eficiente é aquela que leva em conta os aspectos tributários das operações, uma vez que estes são capazes de ensejar a dilapidação de grande parte do patrimônio dos contratantes.

[6] EVENSKY, Harold. **Wealth management: the financial advisor's guide to investing and managing clients assets**. New York: McGraw-Hill, 1997, p. 37

[7] SOUSA, Almir Ferreira de. TORRALVO, Caio Fragata. KRAUTER, Elizabeth. ROCHA, Ricardo Humberto (coords.) **Planejamento financeiro pessoal e gestão do patrimônio: fundamento e prática**. 2 ed. Barueri: Manole, 2018, p.383.

3. ASPECTOS GERAIS DA TRIBUTAÇÃO DA PESSOA FÍSICA NO BRASIL

3.1. Imposto sobre a renda e proventos de qualquer natureza (IR)

O imposto sobre a renda e proventos de qualquer natureza (IR) é um imposto de competência da União Federal, ou seja, somente a União pode instituí-lo, e tem previsão constitucional do artigo 153, inciso III, e parágrafo 2º da Constituição Federal de 1988:

> Artigo 153. Compete à União instituir impostos sobre [...]
> III — renda e proventos de qualquer natureza;
> [...]
> § 2º O imposto previsto no inciso III:
> I — será informado pelos critérios da generalidade, da universalidade e da progressividade, na forma da lei; A expressão planejamento tributário é utilizada para fazer referência a uma atividade ou uma técnica de prospecção de alternativas de redução de carga tributária suportada pelas pessoas e pelas empresas, sempre em consonância com o ordenamento jurídico em vigor.
> [...]

O Código Tributário Nacional (Lei nº 5.172/1966), por sua vez, traz as disposições gerais atinentes ao imposto sobre a renda, entre seus artigos 43 e 45.

Importante ressaltar que o imposto sobre a renda de pessoas física (IRPF) e o imposto sobre a renda de pessoa jurídica (IRPJ) possuem legislações aplicáveis distintas. Enquanto a matriz legal vigente do imposto sobre a renda de pessoa física está baseada na Lei nº 7.713/1988, na Lei nº 9.250/1995 e alterações posteriores, a do imposto de renda de pessoa jurídica está baseada no Decreto-lei nº 1.598/1977, na Lei nº 8.981/1995, na Lei nº 9.249/1995 e em suas alterações posteriores.

A última consolidação da legislação sobre o imposto de renda, tanto de pessoa física quanto de pessoa jurídica, bem como a sua regulamentação, abrangendo os critérios de arrecadação, fiscalização e administração, foi feita por meio do Decreto nº 9.580/2018, também conhecido como Regulamento do Imposto de Renda (RIR/2018).

3.1.1. *Aspecto material*

A teor do disposto nas legislações anteriormente mencionadas, o aspecto material do imposto sobre a renda é a aquisição ou a disponibilidade econômica e/ou jurídica da renda e dos proventos de qualquer natureza.

Nos termos do artigo 43 do Código Tributário Nacional, o termo renda deve ser entendido como "*produto do capital, do trabalho ou combinação de ambos*" enquanto os proventos de qualquer natureza devem ser entendidos como "*os acréscimos patrimoniais não compreendidos no inciso anterior*".

Segundo o Professor Roque Antônio Carrazza[8], a diferença entre renda e proventos está na forma de obtenção: enquanto a primeira se trata de uma riqueza nova de algo em desenvolvimento, a outra provém de uma atividade que já cessou. A título exemplificativo, o professor aduz que o salário é considerado renda, enquanto a aposentadoria é considerada provento.

No mesmo sentido, a definição adotada por Leandro Paulsen[9]:

> A extensão dos termos 'renda' e 'proventos de qualquer natureza' dá o contorno do que pode ser tributado e do que não pode ser tributado a tal título. De fato, na instituição do imposto de renda e proventos de qualquer natureza, o legislador ordinário não pode extrapolar a amplitude de tais conceitos, sob pena de inconstitucionalidade.

[8] CARRAZZA, Roque Antônio. **Imposto sobre a renda (perfil constitucional e temas específicos)**. 3 ed. São Paulo: Malheiros Editores, 2009.

[9] PAULSEN, Leandro. Direito tributário, Constituição e Código Tributário à Luz da Doutrina e da Jurisprudência. 9 ed..Porto Alegre: Livraria do Advogado, 2007, p. 288.

Apenas para que não restem dúvidas, veja o que entende Lima Gonçalves[10] sobre o termo renda para fins de incidência do imposto:

> [...] (i) saldo positivo resultante do (ii) confronto entre (ii.a) certas entradas e (ii.b) certas saídas, ocorridas ao longo de um dado (iii) período. Renda haverá, portanto, quando houver sido detectado um acréscimo, um plus; tenha ele, ou não, sido consumido; seja ele, ou não, representado por instrumentos monetários, direitos, ou por bens, imateriais ou físicos, móveis ou imóveis, agora não importa[...]. Para que haja renda, deve haver um acréscimo patrimonial — aqui entendido como incremento (material ou imaterial, representado por qualquer espécie de direitos ou bens, de qualquer natureza — o que importa é o valor em moeda do objeto desses direitos) — ao conjunto líquido de direitos de um dado sujeito.

Em termos similares Aliomar Baleeiro[11]:

> Para fins de tributação, a renda a ser considerada é sempre a pessoal. Representa ganho econômico por certo período de tempo, assim como a ideia de renda nacional. Mas por ser de pessoas, somente constituirá renda tributável aquela proveniente de capital (ou fonte patrimonial) pertencente à própria pessoa.

Importante mencionar que, para que haja a incidência do imposto sobre a renda, é preciso que o contribuinte tenha um acréscimo patrimonial, ou seja, que o contribuinte tenha a disponibilidade econômica ou jurídica sobre a renda auferida. Nesse sentido Miguel Delgado Gutierrez[12]:

> A hipótese de incidência do Imposto de Renda deve necessariamente contemplar um acréscimo patrimonial, e todos os fatos imponíveis

[10] GONÇALVES, Lima apud PEIXOTO, Marcelo M. **O Conceito Constitucional de Renda.** Disponível em <http://www.migalhas.com.br/arquivo_artigo/o%20conceito%20constitucional%20de%20renda222 .hm >. Acesso em 03 de março de 2020.

[11] BALEEIRO, Aliomar. **Direito tributário brasileiro.** 11ª ed. atualizada por Misabel Abreu Machado Derzi. Rio de Janeiro: Forense, 1999 p. 286.

[12] GUTIERREZ, Miguel Delgado. Imposto de Renda: **Princípios da Generalidade, da Universalidade e da Progressividade — Série Doutrina Tributária. V. XI**. São Paulo: Quartier Latin, 2014. p. 54.

> devem representar a efetiva ocorrência de um acréscimo de patrimônio. Ou seja, o Imposto de Renda só pode incidir sobre um acréscimo patrimonial.

Levando-se em conta que o fato gerador do imposto de renda é, em linhas gerais, a obtenção de acréscimo patrimonial, importante mencionar que não há a incidência do imposto na nos valores recebidos há título de indenização, visto que se tratam de recomposição patrimonial.

Por fim, embora as indenizações não sejam consideradas fato gerador do imposto, não basta que determinada receita/provento receba o nome de indenização para que afaste a incidência do imposto. Tanto é assim que a Lei Complementar nº 104/2001, acrescentou o §1º no artigo 43 do Código Tributário Nacional expressamente determina que "*a incidência do imposto independe da denominação da receita ou do rendimento*".

3.1.2. *Aspecto espacial*

O aspecto espacial é um critério importante para a regra matriz de incidência do imposto de renda, visto que é através dele, que se determina o local da efetiva ocorrência do aspecto material, também conhecido como fato gerador, mencionado anteriormente.

A teor do disposto no artigo 43, parágrafo 1º, do Código Tributário Nacional, e no artigo 3º, parágrafo 4º da Lei nº 7.713/1988, o imposto de renda da pessoa física incide sobre a receita ou rendimento, independentemente da localização ou origem da fonte.

Trata-se de um aspecto de suma importância, pois a regra matriz de incidência permite a aplicação da extraterritorialidade e do princípio da universalidade, permitindo que o aspecto material alcance fato geradores tanto em território nacional quanto em território estrangeiro.

3.1.3. *Aspecto temporal*

O aspecto temporal é de suma importância para a regra-matriz de incidência do imposto sobre a renda, visto que não é possível se apurar ou estimar o acréscimo patrimonial sem antes o estabelecimento de um período a ser considerado para a ocorrência do fato gerador.

No caso do imposto sobre a renda das pessoas físicas, o aspecto temporal é o memento da obtenção de renda. Nos termos do artigo 2º da

Lei 7.713/1988, o imposto de renda das pessoas físicas será devido mensalmente à medida em que a renda for auferida.

Por fim, salienta-se que há diferenças no aspecto temporal do imposto de renda das pessoas físicas das jurídicas. Enquanto no caso das pessoas físicas o imposto é devido mensalmente, o imposto das pessoas jurídicas pode ser devido mensalmente ou trimestralmente, a depender do regime tributário adotado.

3.1.4. *Aspecto pessoal*

O aspecto pessoal é aquele que delimita quem são as pessoas e/ou entes que fazem parte da relação do imposto sobre a renda. Nos termos do artigo 45 do Código Tributário Nacional, o sujeito passivo do imposto sobre a renda é a pessoa física ou jurídica que obtém disponibilidade econômica ou jurídica de renda.

No que se refere às pessoas físicas, RIR/2018 em seu artigo 1º, dispõe que:

> Artigo 1º As pessoas físicas que perceberem renda ou proventos de qualquer natureza, inclusive rendimentos e ganhos de capital, são contribuintes do imposto sobre a renda, sem distinção de nacionalidade, sexo, idade, estado civil ou profissão.
>
> § 1º São também contribuintes as pessoas físicas que perceberem rendimentos de bens de que tenham a posse como se lhes pertencessem, de acordo com a legislação em vigor.
>
> § 2º As pessoas físicas residentes no exterior terão suas rendas e seus proventos de qualquer natureza, inclusive os ganhos de capital, percebidos no País tributados de acordo com as disposições contidas nos Capítulos V e VI do Título I do Livro III.

Por outro lado, não restam dúvidas que de que sujeito ativo do imposto sobre a renda é o ente federativo que possui competência constitucional para a sua instituição, qual seja, a União Federal.

3.1.5. *Aspecto quantitativo*

O aspecto quantitativo é o último aspecto da regra-matriz de incidência do imposto de renda, através do qual será definido o valor do imposto a ser pago. Para tanto, dois pontos devem ser levados em consideração, a base de cálculo e a alíquota.

Enquanto a base de cálculo do imposto é a renda a ser tributada, a alíquota pode ser definida como o percentual aplicável sobre a base de cálculo para se obter o valor do imposto ser pago. Importante mencionar que as bases de cálculo e as alíquotas são diferentes para as pessoas físicas e jurídicas.

No que se refere as pessoas físicas, a base de cálculo do imposto de renda é o rendimento bruto, ou seja, a somatórias de todas as rendas e proventos de qualquer natureza, a teor do disposto no artigo 3º da Lei nº 7.713/1988. Destaca-se que o Regulamento do Imposto de Renda permite a dedução de algumas espécies de despesas da base de cálculo do imposto de renda, como por exemplo pensão alimentícia e despesas médicas.

Nesse sentido Aliomar Baleeiro[13] dispõe:

> O imposto de renda, em geral incide sobre os rendimentos líquidos do contribuinte, mas o rendimento líquido é a diferença entre a renda bruta e específicas deduções admitidas em lei. Esta considera as variadíssimas situações em que se produzem os réditos, por força da complexa divisão do trabalho, no mundo contemporâneo.

As alíquotas do imposto de renda das pessoas físicas são progressivas, a teor do disposto no artigo 153, parágrafo 2º, inciso I, da Constituição Federal. Assim para o cálculo do imposto é importante observar a tabela de progressividade que estabelece alíquotas entre 7,5% e 27,5%. Veja[14]:

[13] Baleeiro, Aliomar. **Direito tributário brasileiro**. 11ª ed. atualizada por Misabel Abreu Machado Derzi. Rio de Janeiro: Forense, 1999 p. 307.

[14] Tabela de progressividade do imposto sobre a renda para fatos geradores ocorridos a partir do mês de abril do ano-calendário de 2015, instituída pela Lei nº 13.149/2015, conversão da Medida Provisória nº 670/2015.

Base de Cálculo (R$)	Alíquota(%)	Parcela a deduzir do IRPF (R$)
Até 1.903,98	-	-
De 1.903,99 até 2.826,65	7,5	142,80
De 2.826,66 até 3.751,05	15	354,80
De 3.751,06 até 4.664,68	22,5	636,13
Acima de 4.664,68	27,5	869,36

Por outro lado, no que se refere às pessoas jurídicas, diferentemente das pessoas físicas, o imposto de renda pode ser apurada pelo lucro real, lucro presumido e lucro arbitrado. Importa mencionar que a base de cálculo nem sempre é de livre escolha do contribuinte, o artigo 14 da Lei 9.718/1998, por exemplo, estabelece as situações em que as pessoas jurídicas estão obrigadas a apuração do lucro real.

No caso do lucro real, a alíquota do imposto de renda é de 15%, podendo haver um acréscimo de 10% nas hipóteses em que o lucro ultrapasse R$ 20.000,00 ao mês. No lucro presumido, por sua vez, as alíquotas variam de acordo com a atividade praticada pela empresa, nos termos do artigo 215 do Regulamento do Imposto de Renda.

Nas hipóteses em que o contribuinte não cumprir adequadamente suas obrigações acessórias, excepcionalmente será utilizado o lucro arbitrado. Nessa hipótese as alíquotas variam conforme o disposto no artigo 51 da Lei nº 8.981/1995.

3.2. Imposto sobre a transmissão *causa mortis* e doações de quaisquer bens e direitos (ITCMD)

O imposto sobre a transmissão *causa mortis* e doações de quaisquer bens e direitos (ITCMD) é um imposto de competência estadual, em outras palavras, apenas os Estados e o Distrito Federal possuem competência para instituí-lo. O referido imposto possui previsão constitucional do artigo 155, inciso I, e parágrafo 1º, incisos I a IV, da Constituição Federal de 1988.

> Artigo 155. Compete aos Estados e ao Distrito Federal instituir impostos sobre:
>
> I — transmissão causa mortis e doação, de quaisquer bens ou direitos;
>
> [...]
>
> § 1º O imposto previsto no inciso I;

> I — relativamente a bens imóveis e respectivos direitos, compete ao Estado da situação do bem, ou ao Distrito Federal
> II — relativamente a bens móveis, títulos e créditos, compete ao Estado onde se processar o inventário ou arrolamento, ou tiver domicílio o doador, ou ao Distrito Federal;
> III — terá competência para sua instituição regulada por lei complementar:
> a) se o doador tiver domicilio ou residência no exterior;
> b) se o de cujus possuía bens, era residente ou domiciliado ou teve o seu inventário processado no exterior;
> IV — terá suas alíquotas máximas fixadas pelo Senado Federal.
> [...]

Embora o Código Tributário Nacional discipline o referido imposto entre os artigos 35 e 42, estes devem ser interpretados com ressalvas e com base na Constituição Federal vigente, uma vez que versam sobre um único imposto de transmissão, ou seja, não há qualquer distinção entre o ITCMD e o ITBI.

Importante ressaltar que o a Resolução do Senado Federal nº 9/1992, a teor do disposto na Constituição Federal, estabelece à alíquota máxima do ITCMD em 8% (oito porcento), tendo os Estados competência para estabelecer alíquotas até o teto fixado pelo Senado Federal.

3.2.1. *Aspecto material*

A teor do disposto no artigo 155, inciso I, da Constituição Federal, o fato gerador do referido imposto é a transmissão de bens ou direitos por meio da sucessão ou da doação.

Nesse sentido, Aliomar Baleeiro[15] dispõe:

> O imposto de competência dos Estados e do Distrito Federal tem como hipótese de incidência a transmissão por causa de motes e a doação (fatos não onerosos) de quaisquer bens, sejam móveis ou imóveis. [...]
> O fato gerador, não definido especificamente no artigo 35 do CTN, é a transmissão do domínio da posse dos bens do de cujos pela abertura da sucessão, 'desde logo', ao herdeiros legítimos e testamentários.

[15] BALEEIRO, Aliomar. **Direito tributário brasileiro**. 11ª ed. atualizada por Misabel Abreu Machado Derzi. Rio de Janeiro: Forense, 1999 p. 259.

Importante mencionar que, nos termos da súmula 112 do STF, a legislação aplicável ao fato gerador é a da data da abertura da sucessão, independentemente de o inventário ser aberto anos depois e com uma tributação mais benéfica.

Por outro lado, o aspecto material nas doações de quaisquer bens ou direitos é a transferência de titularidade, em outras palavras, o fato gerador ocorre quando os bens o direito deixar o domínio do doador e for para o donatário.

Por fim, ressalta-se que na doação de bens imóveis, o imposto sobre doação pode ser exigido em duas situações, ou na transcrição no Registro de Imóveis, nos termos da Lei nº 6.015/1973 ou quando da lavratura da escritura.

3.2.2. *Aspecto espacial*

O aspecto espacial é um critério importante para a regra matriz de incidência do imposto sobre a transmissão *causa mortis* e doações de quaisquer bens e direitos, visto que é através dele, que se determina o local da efetiva ocorrência do aspecto material, também conhecido como fato gerador, mencionado anteriormente.

A teor do disposto no artigo 155, §1º e incisos da Constituição Federal, nos casos de bens imóveis o imposto irá incidir no local de situação do bem. No que se refere aos bens móveis e direitos, o imposto incidirá no local onde se processar o inventário ou no domicílio do doador.

Nas palavras de Aliomar Baleeiro[16]:

> As regras de competência estabelecidas pela Constituição são as seguintes: em se tratando de bens imóveis, o imposto pertence ao Estado da situação do bem ou ao Distrito federa; na hipótese dos bens móveis, títulos de crédito, compete ao Estado onde se processar o inventário ou arrolamento, ou tiver domicílio o doador, ou ao Distrito Federal.

Por fim, a Constituição Federal delega à Lei Complementar a competência para a instituição do critério espacial nas hipóteses em que o doador for residente ou domiciliado no exterior, e nas hipóteses em que

[16] Baleeiro, Aliomar. **Direito tributário brasileiro**. 11ª ed. atualizada por Misabel Abreu Machado Derzi. Rio de Janeiro: Forense, 1999 p. 260.

o *de cujos* possuía bens, residência/ domicílio, ou inventário processado no exterior.

3.2.3. *Aspecto temporal*

Compete aos Estados e ao Distrito Federal a definição do aspecto temporal para a regra-matriz de incidência do imposto sobre a transmissão causa mortis e doações de quaisquer bens e direitos, estabelecendo um período a ser considerado para a ocorrência do fato gerador.

No caso da transmissão causa mortis, o momento da ocorrência do fato gerador é o momento do óbito, mesmo nas hipóteses em que o óbito é presumido.

Nas doações, por sua vez, o aspecto temporal, nos casos dos bens imóveis ocorre com o registro do título de aquisição ou na lavratura da escritura. Já nos casos dos bens móveis e direitos o fato gerador ocorre com a tradição.

3.2.4. *Aspecto pessoal*

O aspecto pessoal é aquele que delimita quem são as pessoas e/ou entes que fazem parte da relação do imposto. Considerando que os sujeitos da relação não estão dispostos na Constituição Federal, cabe a cada Estado e ao Distrito Federal dispor sobre os sujeitos passivos.

A título exemplificativo, o Estado de São Paulo, através do artigo 7 da Lei nº 10.705/2000, dispõe que são sujeitos passivo do imposto, o herdeiro, o legatário, o fiduciário, o donatário e o cessionário.

Explicitados quem são os sujeitos passivos, não restam dúvidas que de que sujeito ativo do imposto são os entes federativos que possuem competência constitucional para a sua instituição, quais sejam os Estados e o Distrito Federal.

3.2.5. *Aspecto quantitativo*

O aspecto quantitativo é o último aspecto da regra-matriz de incidência do imposto, através do qual será definido o valor do imposto a ser pago. Para tanto, dois pontos são levados em consideração, a base de cálculo e a alíquota.

Enquanto a base de cálculo é a renda a ser tributada, a alíquota pode ser definida como o percentual aplicável sobre a base de cálculo para se obter o valor do imposto de renda a ser pago.

No que se refere a base de cálculo, o valor dos bens e dos direitos serão o seu valor venal, ou seja, o valor de marcado na data da transmissão do bem ou do direito. Nas transmissões causa mortis, será considerado o valor do bem ou direito na data do óbito.

Nas palavras de Aliomar Baleeiro[17]:

> O CTN é saliente acerca de qual o valor que deverá ser tomado por base na avaliação dos bens no inventário ou arrolamento. No direito anterior, houve litígios, porque alguns julgados locais optaram pelo valor no dias da abertura da sucessão, ao passo que outros se inclinaram pelo valor à data da avaliação. Esta última foi consagrada pelo Súmula 113 do STF, calçada no RE 50.733/1962.
>
> Mas, depois disso, o ac. No Ag. 35.396 (DJ 19.03.1964, p.127) adotou o valor do dia da abertura da sucessão, critério difícil e até certo ponto conjectural em fase se rápida inflação, além de que permitia a negligência do inventariante e dos herdeiros.

O Estado de São Paulo, por exemplo, na Lei nº 10.705/2000 estabelece em 4% a alíquota do imposto. Importante ressaltar, que a alíquota máxima do imposto é de 8% e está prevista na Resolução do Senado Federal nº 9/1972.

Por fim, destaca-se que que nos termos da Súmula 112 do STF *"o imposto de transmissão causa mortis é devido pela alíquota vigente ao tempo da abertura da sucessão"*. Ressalta-se que o momento da abertura da sucessão é anterior ao momento da abertura do inventário.

3.3. Imposto sobre a transmissão *inter vivos*, a qualquer título, por ato oneroso, de bens imóveis, por natureza ou acessão física, e de direitos reais sobre imóveis, exceto os de garantia (ITBI)

O imposto sobre a transmissão *inter vivos*, a qualquer título, por ato oneroso, de bens imóveis, por natureza ou acessão física, e de direitos reais sobre imóveis, exceto os de garantia (ITBI) é um imposto de competência dos Municípios. O referido imposto tem previsão constitucional no artigo 156, inciso II, e parágrafo 2º, da Constituição Federal de 1988:

[17] BALEEIRO, Aliomar. **Direito tributário brasileiro**. 11ª ed. atualizada por Misabel Abreu Machado Derzi. Rio de Janeiro: Forense, 1999 p. 274.

> Artigo 156. Compete aos Municípios instituir impostos sobre:
> [...]
> II — transmissão "inter vivos", a qualquer título, por ato oneroso, de bens imóveis, por natureza ou acessão física, e de direitos reais sobre imóveis, exceto os de garantia, bem como cessão de direitos a sua aquisição;
> [...]
> § 2º O imposto previsto no inciso II:
> I — não incide sobre a transmissão de bens ou direitos incorporados ao patrimônio de pessoa jurídica em realização de capital, nem sobre a transmissão de bens ou direitos decorrente de fusão, incorporação, cisão ou extinção de pessoa jurídica, salvo se, nesses casos, a atividade preponderante do adquirente for a compra e venda desses bens ou direitos, locação de bens imóveis ou arrendamento mercantil;
> II — compete ao Município da situação do bem.

No Código Tributário Nacional (Lei nº 5.172/1966), por sua vez, traz as disposições gerais atinentes ao imposto entre seus artigos 35 a 42. Importante mencionar que, a época da edição do Código Tributário Nacional o ITBI e o ITCMD eram um imposto único, devendo os dispositivos serem analisados com ressalvas.

3.3.1. *Aspecto material*

A teor do disposto no artigo 156, inciso II, da Constituição Federal, o aspecto material do referido imposto, também denominado como fato gerador, é a transmissão de bens imóveis em caráter oneroso, bem como a cessão de direitos.

O aspecto material, ou seja, o fato gerador, é a transmissão de bens móveis em caráter oneroso, isso porque não haverá a incidência do imposto quando apenas uma das partes for onerada e a outra obter as vantagens patrimoniais. A esse respeito, José Alberto de Oliveira Macedo[18]:

> Nos contratos à título oneroso, há vantagens de ordem patrimonial para ambos os contratantes, sendo a vantagem de um correspondente ao

[18] MACEDO, José Alberto Oliveira. **ITBI aspectos constitucionais e infraconstitucionais.** São Paulo: Quartier Latin, 2010, p.178-179.

sacrifício patrimonial do outro. Percebe-se, nessa espécie de contrato, uma relação de equivalência entre ônus e proveito. É o que justamente ocorre com negócios jurídicos tais como a compra e venda, a prestação de serviço e a troca ou permuta.

De modo similar dispõe Aliomar Baleeiro[19]:

> O art. 156, II, pormenorizadamente, descreve o fato gerador do imposto: transmissão inter vivos, a qualquer título, por ato oneroso, de bens imóveis, por natureza ou acessão física, e de direitos reais sobre imóveis, exceto os de garantia. Assim, quaisquer atos ou negócios jurídicos, independentemente de registro, que transfiram o bem imóvel, a qualquer título, ou os direitos reais sobre imóveis, como a enfiteuse, as servidões, o usufruto, o uso, a habitação e as rendas constituídas sobre imóveis, e ainda as cessões desses direitos reais, submetem-se ao imposto municipal. Excluem-se do âmbito de validade material do tributo, os direitos reais de garantia, como penhor, anticrese e hipoteca.

Importante mencionar que, a teor do disposto no artigo 35 do Código Tributário Nacional e na doutrina de direito civil, a transmissão onerosa pode ocorrer também pela dação em pagamento, permuta, mandato em causa própria, arrematação, adjudicação e remição.

Conforme mencionado, o ITBI incide também nas cessões de direito. Vale ressaltar, no entanto, que não há a incidência do imposto nos direitos reais dos bens imóveis, como na hipoteca e na anticrese.

Por fim, insta salientar que também não haverá a incidência do imposto sobre os institutos do usucapião, desapropriação, servidão e retrovenda, tão pouco na transmissão de bens e direitos incorporados ao patrimônio da pessoa jurídica na realização do capital.

3.3.2. *Aspecto espacial*

O aspecto espacial é um critério importante para a regra matriz de incidência do imposto sobre a transmissão *inter vivos*, visto que é através dele, que se determina o local da efetiva ocorrência do aspecto material,

[19] Baleeiro, Aliomar. **Direito tributário brasileiro.** 11ª ed. atualizada por Misabel Abreu Machado Derzi. Rio de Janeiro: Forense, 1999 p. 270.

também conhecido como fato gerador, conforme mencionado anteriormente.

Especificamente no caso do ITBI, o local da ocorrência do fato gerador é o Município de situação do bem, não importando o lugar do domicílio das partes da relação jurídica, ou o local onde o acordo foi realizado.

3.3.3. *Aspecto temporal*

A definição do aspecto temporal para a regra-matriz de incidência do imposto sobre a transmissão *inter vivos*, estabelece o período a ser considerado para a ocorrência do fato gerador.

Nas transmissões de bens imóveis, assim como nas cessões, o momento da ocorrência do fato gerador é o registro do título translativo perante do registro de imóveis. Importante mencionar que, na prática o imposto é exigido na lavratura da escritura pública, evitando-se a postergação ou o não pagamento do imposto.

3.3.4. *Aspecto pessoal*

O aspecto pessoal é aquele que delimita quem são as pessoas e/ou entes que fazem parte da relação do imposto. Considerando que os sujeitos da relação não estão dispostos na Constituição Federal, cabe a cada Estado e ao Distrito Federal dispor sobre os sujeitos passivos.

A teor do disposto no artigo 155, §2º, inciso II da Constituição Federal, o imposto será devido ao Município em que se encontrar o bem. Diferentemente do ITCMD, para o imposto em comento não há qualquer relevância no domicílio das partes da relação jurídica.

A Constituição Federal delegou aos Municípios quem será o sujeito passivo, ou seja, quem será o contribuinte do imposto. Embora essa determinação seja de competência municipal, é preciso que o sujeito esteja relacionado com a operação a ser tributada.

3.3.5. *Aspecto quantitativo*

O aspecto quantitativo é o último aspecto da regra-matriz de incidência do imposto, através do qual será definido o valor do imposto a ser pago. Para tanto, dois pontos são levados em consideração, a base de cálculo e a alíquota.

Enquanto a base de cálculo é a renda a ser tributada, a alíquota pode ser definida como o percentual aplicável sobre a base de cálculo para se obter o valor do imposto de renda a ser pago.

No que se refere a base de cálculo, nos termos do artigo 38 do Código Tributário Nacional, o valor a ser considerado "é o valor venal dos bens ou direitos transmitidos".

Nesse sentido Aliomar Baleeiro[20]dispõe:

> O art. 38 dispõe que o valor venal dos bens é a base de cálculo do imposto. Na verdade, refere-se ao antigo imposto de transmissão de bens imóveis e direito a eles relativos (ITBI). Coincidentemente, na prática, o valor venal é a base de cálculo tanto do imposto de transmissão estadual causa mortis e por doação, como do imposto de transmissão municipal inter vivos. Divergem, apenas, as técnicas e processos de apuração de um de outro.

As alíquotas serão definidas por cada Município, não podendo se falar em progressividade em razão da fala de previsão constitucional. Nesse sentido a súmula 656/STF dispõe que "é inconstitucional a lei que estabelece alíquotas progressivas para o imposto de transmissão *inter vivos* de bens imóveis — ITBI 0 com base no valor venal do imóvel."

Apenas a título exemplificativo, o Município de São Paulo na Lei nº 11.154/1991 em regra geral estabelece em 3% a alíquota do imposto.

[20] Baleeiro, Aliomar. **Direito tributário brasileiro**. 11ª ed. atualizada por Misabel Abreu Machado Derzi. Rio de Janeiro: Forense, 1999 p. 273.

4. UTILIZAÇÃO DE *HOLDINGS* PARA A GESTÃO PATRIMONIAL

As *holdings* são um tipo societário que tem sido cada vez mais utilizado na gestão patrimonial, inclusive em planejamentos sucessórios, em razão dos inúmeros benefícios econômicos e de gestão que ela proporciona.

4.1. Estrutura societária das *holdings*

Antes de mais nada, importante destacar que a principal função da sociedade *holding* é a concentração de um patrimônio, inclusive a participação em outras sociedades. A esse respeito, veja o que dispõe Mário Tavernard Martins de Carvalho[21]:

> O termo *holding* decorre do verbo inglês *to hold*, que significa segurar, deter, manter sob controle, participar. A sociedade *holding* é aquela que participa, que detém participações societárias de outras sociedades. Depreende-se, nesse diapasão, que a *holding* não significa um tipo societário, mas se refere ao objeto, atividade da sociedade.

No ano de 1976 com a publicação da Lei da Sociedade Anônimas (Lei nº 6.404/1976), tem-se o primeiro dispositivo do ordenamento jurídico que permite a constituição de uma sociedade que tenha como

21 Carvalho, Mário Tavernard Martins de. Planejamento sucessório no âmbito da empresa familiar. In. Coelho, Fábio Ulhôa; Féres, Marcelo Andrade (Coords.). **Empresa Familiar: estudos jurídicos.** São Paulo: Saraiva, 2014, pp. 458-459.

único objeto a participação em outras sociedades, ainda que com o fim exclusivo de obtenção de incentivos fiscais

> Artigo 2º Pode ser objeto da companhia qualquer empresa de fim lucrativo, não contrário à lei, à ordem pública e aos bons costumes.
> § 1º Qualquer que seja o objeto, a companhia é mercantil e se rege pelas leis e usos do comércio.
> § 2º O estatuto social definirá o objeto de modo preciso e completo.
> § 3º A companhia pode ter por objeto participar de outras sociedades; ainda que não prevista no estatuto, a participação é facultada como meio de realizar o objeto social, ou para beneficiar-se de incentivos fiscais.

A respeito das sociedades *holdings* no ordenamento jurídico brasileiro, especialmente as utilizadas para a gestão do patrimônio de pessoas físicas, veja o que registram Fernando Mauro Barrueco, Paulo Salvador Ribeiro Perrotti e Walter Lerner[22]:

> A expressão *holding* já adotada no nosso vocabulário empresarial, é utilizada para qualificar uma empresa que controla o patrimônio e uma ou mais pessoas físicas que possuem bens em seus próprios nomes, passam a possuir esses bens por intermédio de uma pessoa jurídica, a controladora patrimonial, que na maioria das vezes é constituída na forma de sociedade limitada

Embora não haja uma previsão expressa na Lei nº 6.404/1976, sendo a *holding* uma sociedade como qualquer outra, ela pode ser constituída na forma de Empresa Individual de Responsabilidade Limitada, Sociedade Anônima, Sociedade Simples e, a mais comumente utilizada, Sociedade Limitada.

As sociedades limitadas são o tipo societário mais utilizado no Brasil[23], em razão de seu baixo custo e sua simplicidade. Esse tipo societário

[22] Barrueco, Fernando Mauro; Perrotti, Pulo Salvador; Lerner, Walter (Coord.). **Empresas familiares: estratégias para uma gestão competitiva e aspectos jurídicos essenciais para inovação, sucessão, governança, *holding*, herdeiros**. 2ª edição. São Paulo: IOB, 2010, pp.196-197.

[23] Coelho, Fábio Ulhôa. **Manual de direito comercial: direito de empresa**. 24ª edição. São Paulo: Saraiva, 2012, p.186.

está previsto entre os artigos 1.052 a 1.087 do Código Civil e pela Lei das Sociedades Anônimas.

Importa ainda mencionar que, até a publicação da Lei nº 13.874/2019 que instituiu as sociedades limitadas unipessoais, para a constituição de uma sociedade limitada eram necessárias, no mínimo, duas pessoas, podendo ser pessoas físicas ou jurídicas. Além disso, nesse tipo societário, os sócios são responsabilizados por suas quotas e, de maneira excepcional, podem responder com seu patrimônio particular.

Expostas as formas de constituição de uma *holding*, seja através de uma Empresa Individual de Responsabilidade Limitada, Sociedade Anônima, Sociedade Simples ou Sociedade Limitada, vejam-se as formas comuns de classificação que as sociedades podem obter: *holding* patrimonial (pura) e *holding* operacional (mista).

Segundo Waldirio Bulgarelli[24], as *holdings* patrimoniais são aquelas constituídas com o único objetivo de concentração de administração do patrimônio de seus sócios. As *holdings* operacionais, por sua vez, além de administrarem o patrimônio de seus sócios, são responsáveis pela administração de uma atividade, como por exemplo a locação de imóveis.

As *holdings* patrimoniais ou puras, também utilizadas como sinônimo de *holdings* familiares, são muito utilizadas na gestão patrimonial das pessoas físicas em razão da facilidade de concentração patrimonial, descomplicação na sucessão hereditária, e ainda a administração dos bens. A esse respeito, Maria Berenice Dias[25]:

> A *holding* familiar facilita a sucessão hereditária e a administração dos bens, garantido a continuidade sucessória sem necessidade de se aguardar a demora na tramitação do processo de inventário. Nada impede que o contrato social preveja o não ingresso de cônjuges, companheiros ou certa classe de herdeiros nos quadros sociais, dando o aspecto pessoa das quotas sociais.

[24] BULGARELLI, Waldirio. **Manual das Sociedade Anônimas**. 13ª edição. São Paulo: Atlas, 2001, p. 299.

[25] DIAS, Maria Berenice. **Manual das sucessões.** 3ª edição. São Paulo: Editora Revista dos Tribunais, 2013, p.392-393.

Como é possível se extrair dos excertos acima colacionados, as *holdings* familiares facilitam a organização e a gestão de bens, tratando-se, portanto, de um importante instrumento na gestão patrimonial familiar.

Além disso, como mencionado anteriormente, as sociedades *holdings* são muito utilizadas para facilitar a sucessão hereditária, evitando-se o processo de inventário. Nesse contexto, importante mencionar, que as quotas da sociedade podem ser gravadas com usufruto vitalício, ou seja, as quotas da sociedade são transferidas aos herdeiros, mas o titular do patrimônio continua com o poder de gestão da sociedade. Nesse sentido[26]:

> Assim, no caso de empresas familiares é possível ao patriarca ou matriarca doar a seus herdeiros, como antecipação de legítima ou não, a nua-propriedade de bens móveis, consubstanciados que seja em ações, ou em quotas de sociedades operacionais, ou de *holdings*, puras, mistas, imobiliárias ou patrimoniais, reservando-se o usufruto total e vitalício. Nesse caso, o doador na qualidade de usufrutuário tem a prerrogativa de se auto eleger administrador da sociedade, e, nessa qualidade, gerir de maneira mais livre todo o patrimônio empresarial, inclusive podendo comprar e vender bens do ativo empresarial.

Por todo o exposto, não restam dúvidas de que as *holdings* são estruturas societárias, em especial quando constituídas na forma de sociedade limitada, muito utilizadas na gestão patrimonial, em razão de seu baixo custo e simplicidade de constituição, facilidade de concentração e gestão do patrimônio, bem como a descomplicação no processo sucessório.

4.2. Aspectos tributários da sociedade *holding*

Conforme o disposto no artigo 2º, parágrafo 3º da Lei das Sociedades Anônimas (Lei nº 6.404/1976) é permitida a constituição de uma sociedade que tenha por objeto a participação em outras sociedades, ainda que com o fim exclusivo de obtenção de incentivos fiscais.

Em primeiro lugar, imperioso analisar a tributação incidente na integralização do capital das sociedades *holdings*. Pois bem, o capital social

[26] PRADO, Roberta Nioac; COSTALUNGA, Karine; KIRSCHBAUM, Deborah. Sucessão familiar e planejamento societário II. In: SANTI, Eurico Marcos Diniz de (Coord.). **Estratégias societárias, planejamento tributário e sucessório.** São Paulo; Saraiva, 2010, p.249/250.

de uma sociedade pode ser integralizado pelos sócios com dinheiro, bens móveis e imóveis.

No que se refere a integralização de bens (móveis ou imóveis), o valor a ser considerado é o valor indicado pelo próprio sócio. Nos termos do artigo 142 do regulamento do Imposto de Renda, o valor do bem pode ser aquele declarado na Declaração do Imposto de Renda da Pessoa Física (valor de aquisição) ou o valor de mercado do bem.

Note-se que, caso a pessoa física opte por integralizar seus bens móveis ou imóveis a valor de marcado, ela terá de recolher imposto de renda sobre o ganho de capital eventualmente apurado. Trata-se de disposição expressa no RIR/2018, em seu artigo 142:

> Artigo 142. As pessoas físicas poderão transferir a pessoas jurídicas, a título de integralização de capital, bens e direitos, pelo valor constante da declaração de bens ou pelo valor de mercado.
>
> § 1º Se a transferência for feita pelo valor constante da declaração de bens, as pessoas físicas deverão lançar nessa declaração as ações ou as quotas subscritas pelo mesmo valor dos bens ou dos direitos transferidos, hipótese em que não presumida a distribuição disfarçada de que trata o artigo 528.
>
> § 2º Se a transferência não se fizer pelo valor constante da declaração de bens, a diferença a maior será tributável como ganho de capital.

Ainda no que se refere a integralização, através de bens imóveis, de capital da sociedade *holding*, importante mencionar que não haverá a incidência de ITBI, desde que a sociedade *holding* não exerça, de forma preponderante, a atividade imobiliária. Essa imunidade está prevista no artigo 156, parágrafo 2º, inciso I, da Constituição Federal:

> Artigo 156. Compete aos Municípios instituir impostos sobre: [...]
> II — transmissão "inter vivos", a qualquer título, por ato oneroso, de bens imóveis, por natureza ou acessão física, e de direitos reais sobre imóveis, exceto os de garantia, bem como cessão de direitos a sua aquisição; [...]
>
> § 2º O imposto previsto no inciso II:
> I — não incide sobre a transmissão de bens ou direitos incorporados ao patrimônio de pessoa jurídica em realização de capital, nem sobre a

> transmissão de bens ou direitos decorrente de fusão, incorporação, cisão ou extinção de pessoa jurídica, salvo se, nesses casos, a atividade preponderante do adquirente for a compra e venda desses bens ou direitos, locação de bens imóveis ou arrendamento mercantil; (...)

Destaca-se que cabe a legislação de cada Município definir o que será considerado atividade preponderantemente imobiliária. A título exemplificativo no Município de São Paulo, no Decreto nº 55.196/2014, entende-se que a sociedade exerce atividade preponderantemente imobiliária quando sua a receita operacional, nos dois anos anteriores e nos dois anos posteriores a integralização dos bens imóveis, for superior à 50% do valor total da receita.

> Art. 4º Não se aplica o disposto nos incisos III a V do artigo 3º deste regulamento quando o adquirente tiver como atividade preponderante a compra e venda desses bens ou direitos, a sua locação ou arrendamento mercantil.
> § 1º Considera-se caracterizada a atividade preponderante quando mais de 50% (cinquenta por cento) da receita operacional do adquirente, nos 2 (dois) anos anteriores e nos 2 (dois) anos subsequentes à aquisição, decorrer de transações mencionadas no "caput" deste artigo.
> § 2º Se o adquirente iniciar suas atividades após a aquisição, ou menos de 2 (dois) anos antes dela, apurar-se-á a preponderância referida no § 1º deste artigo levando em consideração os 3 (três) primeiros anos seguintes à data da aquisição.
> § 3º Fica prejudicada a análise da atividade preponderante, incidindo o Imposto, quando a pessoa jurídica adquirente dos bens ou direitos tiver existência em período inferior ao previsto nos §§ 1º e 2º deste artigo

Diante dessa previsão legal, as *holdings* operacionais ou mistas, para afastar a incidência do ITBI, devem se assegurar que sua receita não seja preponderantemente imobiliária, ou então exercer essas atividades passados dois anos da integralização do imóvel na sociedade.

Após a integralização do capital na sociedade *holding*, pode haver a doação de quotas da sociedade, com reserva de usufruto vitalício, do titular do patrimônio aos seus herdeiros. Por ocasião da doação das quotas, haverá a incidência do ITCMD. Note-se que essa possibilidade é de extrema relevância, visto que os herdeiros do usufrutuário não terão de passar por um longo processo de sucessão.

Novamente, a título exemplificativo, usaremos a legislação do Estado de São Paulo como referência. A teor do disposto no artigo 16 da Lei nº 10.705/2000, "o imposto é calculado aplicando-se a alíquota de 4% (quatro por cento) sobre o valor fixado para a base de cálculo".

Veja-se que a alíquota do ITCMD será a mesma para a doação de imóveis e para a doação de quotas, no entanto, as bases de cálculo não serão as mesmas. Na doação direta dos bens, a base de cálculo será o seu valor de mercado na data da doação do bem.

Por outro lado, embora a base de cálculo do imposto na doação de quotas também seja o valor do direito à época, a soma do valor nominal de cada quota será inferior será inferior ao valor do bem, visto que foi integralizado pelo custo de aquisição. Na prática, tem-se uma base de cálculo menor nas doações das quotas.

Outro ponto a se observar com relação ao ITCMD é o momento da incidência do imposto. Como regra geral, o ITCMD é devido no momento da doação, ou seja, nos casos dos bens imóveis ocorre com o registro do título de aquisição ou na lavratura da escritura e nos casos dos bens móveis e direitos o fato gerador ocorre com a tradição.

No entanto, o Regulamento do ITCMD do Estado de São Paulo (Decreto nº 46.655/2002), traz uma exceção à essa regra. Veja o que dispõe o artigo 31:

> Artigo 31 — O imposto será recolhido: (...)
> II — na doação: (...)
> c) nos momentos indicados no § 3º, se houver reserva do usufruto, do uso ou da habitação sobre o bem, em favor do doador; § 3º — Na hipótese prevista na alínea c do inciso II, o imposto será recolhido:
> 1 — antes da lavratura da escritura, sobre o valor da nua-propriedade;
> 2 — por ocasião da consolidação da propriedade plena, na pessoa do nu-proprietário, sobre o valor do usufruto, uso ou habitação;
> 3 — facultativamente, antes da lavratura da escritura, sobre o valor integral da propriedade.

A teor do artigo transcrito acima, o imposto sobre a doação das quotas, na hipótese em que houver a reserva de usufruto, será devido, na proporção de 2/3 (dois terços) no momento da tradição da quota, e na proporção de 1/3 (um terço) com a extinção da reserva de usufruto, devendo a base de cálculo ser apurada no momento do pagamento do imposto.

Vista a tributação incidente sobre a integralização de capital e na doação de quotas na sociedade *holding*, veja-se a tributação incidente no desenvolvimento de atividades imobiliárias das *holdings* operacionais.

No contexto da tributação incidente sobre as atividades da sociedade, importante frisar que o ordenamento jurídico brasileiro, prevê que a tributação pode ser dar pelo lucro real, pelo lucro presumido, pelo lucro arbitrado e ainda, pelo simples nacional.

Enquanto no Lucro Real o contribuinte apura a efetiva base de cálculo do imposto de renda e da contribuição social sobre o lucro líquido, no Lucro Presumido a base de cálculo é apurada com base em um cálculo matemático, onde é assumido um lucro. No Simples Nacional o contribuinte paga em uma única guia os impostos federais, estaduais e municipais, bem como as contribuições sociais.

Importante mencionar que não há como dizer qual forma de tributação prevista no ordenamento jurídica é mais vantajosa, isso porque, a opção que deve ser feita pelo contribuinte deve ser analisada caso a caso, levando-se em conta o lucro obtido pela empresa.

Pois bem, considerando que o lucro real é obrigatório para a pessoa jurídicas que tenham uma receita bruta anual superior à R$ 78.000.000,00 (setenta e oito milhões de reais)[27], que o simples nacional só pode ser aplicado para quem tem uma receita bruta anual igual ou inferior à R$ 4.800.000,00 (quatro milhões e oitocentos mil reais)[28] e o lucro arbitrado somente é aplicável não hipótese em que não for possível a apuração do imposto por outros meios, analisaremos somente a tributação pelo lucro presumido.

Para a realização do pagamento do imposto de renda sob a sistemática do lucro presumido, o contribuinte utilizará como base de cálculo o valor obtido através da aplicação de um percentual definido em lei sobre a receita bruta mensal, após a realização de todas as deduções aplicáveis.

[27] Artigo 257 do Regulamento do Imposto de Renda (Decreto nº 9.580/2018).

[28] Artigo 3º, inciso II da Lei Complementar nº 123/2006.

Nos termos do artigo 220, parágrafo 1º, inciso III, alínea "c" do Regulamento do Imposto de Renda (Decreto nº 9.580/2018), o percentual que será utilizado para se estimar a base de cálculo do imposto é de 32%.

> Art. 220. A base de cálculo estimada do imposto sobre a renda, em cada mês, será determinada por meio da aplicação do percentual de oito por cento sobre a receita bruta definida pelo art. 208 auferida mensalmente, deduzida das devoluções, das vendas canceladas e dos descontos incondicionais concedidos, observadas as disposições desta Subseção
> § 1º Nas seguintes atividades, o percentual de que trata este artigo será: [...]
> III — trinta e dois por cento, para as atividades de: [...]
> c) administração, locação ou cessão de bens imóveis, móveis e direitos de qualquer natureza; [...]

Por fim, aplica-se a alíquota 15%, bem como o adicional de 10%, nas hipóteses em que a base de cálculo for superior a R$ 20.000,00 (vinte mil reais), nos termos do artigo 225 do Regulamento do Imposto de Renda (Decreto nº 9.580/2018).

Pois bem, embora o escopo do presente trabalho não seja a análise da tributação da pessoa jurídica essa análise é importante para que se verifique a eficiência tributária da estrutura societária em comparação a realização das atividades imobiliária pela pessoa física.

Tributação Sociedade Holding	
Receita Bruta	R$ 1.000.000,00
Base Presumida (32%)	R$ 320.000,00
IRPJ (15%)	R$ 48.000,00
Adiconal (10%)	R$ 32.000,00
CSLL (9%)	R$ 28.800,00
PIS/ COFINS (3,65%)	R$ 11.680,00
Total	R$ 120.480,00
Alíquota Efetiva	**12%**

Tributação Pessoa Física	
Receita	R$ 1.000.000,00
IRPF (27,5%)	R$ 275.000,00
Dedução	R$ 10.432,32
Total	R$ 264.567,68
Alíquota Efetiva	**26%**

Veja-se no exemplo acima que, mesmo incidindo imposto de renda, adicional de imposto de renda, contribuição social sobre o lucro líquido e as contribuição ao PIS e à COFINS, ainda assim a realização de atividades imobiliárias através de sociedades *holdings* é tributariamente mais eficiente, visto a diferença entre as alíquotas efetivas de 14%.

5. UTILIZAÇÃO DE *TRUST* PARA A GESTÃO PATRIMONIAL

O instituto jurídico denominado *trust*, tem sua origem no direito anglo-saxônico que remonta à Idade Média. Embora esse instituto seja antigo, não possui norma especifica no ordenamento jurídico brasileiro a regulá-lo.

5.1. Estrutura do *trust*

Conforme mencionado, o instituto do *trust* surgiu na Idade Média na Inglaterra, no contexto das relações feudais, onde os vassalos possuíam inúmeras obrigações com o senhor feudal. A esse respeito, veja o que dispõe Eduardo Salomão Neto[29]:

> Diferentemente da maior parte das formulações jurídicas com influência sobre os sistemas romanísticos, sua origem é medieval. A idade média já foi reconhecida, em contraste com os tempos modernos e contemporâneos, pelo espírito perspicaz de G.K. Chesterton, como um período de tempo no qual os homens se deixavam influenciar, em suas relações e julgamentos mútuos, antes que pelos pontos que os uniam do que por aqueles que os separavam.

Ainda sobre o surgimento do *trust* na Idade Média no contexto das relações feudais, Verônica Scriptore Almeida e Freire dispõe[30]:

[29] SALOMÃO NETO, Eduardo. **O *Trust* e o Direito Brasileiro.** 1 ed. São Paulo: LTr, 1996, p. 9.

[30] ALMEIDA, Verônica Scriptore Freire e. **A Tributação dos *Trusts*.** 1 ed. Coimbra: Almedina, 2009, p. 19-20.

> Em suma a respeito, o sistema feudal impunha ao vassalo (tenant) um conjunto de obrigações perante seu suserano (lord), que variava em conformidade ao tipo de relação estabelecida entre eles por ocasião da concessão da terra (tenure). Todavia, essas restrições foram contornadas com a prática do use, meio encontrado para evitar as obrigações feudais que "prendiam" os bens ao suserano. Efetivamente, o proprietário fundiário não podia dispor, por via testamentária, da sua terra e o seu herdeiro legítimo era sempre obrigado a pagar ao suserano a renda de uma pelo privilégio da sucessão. Portanto, o instituto do use permitiu evitar os vínculos que afetavam o Direito de sucessão do vassalo.

Note-se que o instituto do *trust* surgiu do dever dos vassalos em cumprir um grande número de obrigações para com o senhor feudal e da vontade de proteger seu patrimônio ante a existência precária do direito sucessório nos feudos.

Historicamente, o instituto do *trust* pode ser entendido como a transferência de um bem de propriedade de um vassalo, para que outro o administre em favor de terceiro, em geral o herdeiro legítimo.

Na atualidade, o *trust* pode ser compreendido como uma relação contratual entre o *settlor*, o *trustee* e o beneficiário, onde o *settlor* transfira a posse de bens e direitos ao *trustee*, para que esse os administre e converta em favor do beneficiário os proventos obtidos com a administração dos bens e direitos.

Sobre o *trust*, veja o que aduz Eduardo Salomão Neto[31]:

> Implica o "*trust*" a transferência de propriedade ou titularidade sobre um bem corpóreo, móvel ou imóvel, ou incorpóreo, como os direitos, a um terceiro denominado *trustee*, a quem incumbe exercer os direitos adquiridos em benefício de pessoas designadas expressamente no instrumento criador do "*trust*", ou indicadas pela lei ou jurisprudência na falta de tal instrumento, chamadas de beneficiários ou "cestui que *trust*".

Na mesma linha, veja como Verônica Scriptore Almeida e Freire[32], sistematiza o instituto do *trust*:

[31] SALOMÃO NETO, Eduardo. **O *Trust* e o Direito Brasileiro**. 1 ed. São Paulo: LTr, 1996, p. 20.
[32] ALMEIDA, Verônica Scriptore Freire e. **A Tributação dos *Trusts***. 1 ed. Coimbra: Almedina, 2009, p. 29.

> Podemos definir o *Trust* como sendo uma relação jurídica de origem anglo-saxônica que permite a uma pessoa (*settlor*), proprietária de bens ou direitos, passar a propriedade dos seus bens ou direitos, em *Trust*, para uma outra pessoa (*trustee*) administrá-los. Além disso, o rendimento desses bens ou direitos será repassado para um beneficiário.

Embora não haja no ordenamento jurídico brasileiro qualquer norma que disponha a respeito do instituto do *trust*, a Convenção de Haia[33] que dispõe sobre o apostilamento de documentos emitidos em países estrangeiros, traz na redação de seu artigo 2º a definição do termo *trust*.

> ARTIGO 2
>
> Para os propósitos desta Convenção, o termo *trust* se refere a relações jurídicas criadas — inter vivos ou após a morte — por alguém, o outorgante, quando os bens forem colocados sob controle de um curador para o benefício de um beneficiário ou para alguma finalidade específica.
>
> O *trust* possui as seguintes características:
>
> a) os bens constituem um fundo separado e não são parte do patrimônio do curador*;
>
> b) títulos relativos aos bens do *trust* ficam em nome do curador ou em nome de alguma outra pessoa em benefício do curador;
>
> c) o curador tem poderes e deveres, em respeito aos quais ele deve gerenciar, empregar ou dispor de bens em consonância com os termos do *trust* e os deveres especiais impostos a ele pela lei.

No ordenamento jurídico brasileiro, a figura que mais se aproxima do instituto do *trust* é o negócio fiduciário, onde o fiduciante transfere ao agende fiduciário a posse de um bem ou direito para que esse o administre e posteriormente transfira os rendimentos e a posse dos bens e direitos ao fiduciante.

A esse respeito, veja como Eduardo Salomão Neto[34] conceitua os negócios fiduciários:

[33] HCCH. **Convenção sobre a lei aplicável ao trust e a seu reconhecimento**. Disponível em <https:// assets.hcch.net/docs/3a56a998-e8da-4452-a1e8-2bb1231c7dcd.pdf>. Acesso em 04/07/2020.

[34] Salomão Neto, Eduardo. **O *Trust* e o Direito Brasileiro.** 1 ed. São Paulo: LTr, 1996, p. 82.

> O fiduciante confia ao fiduciário um bem integrante de seu patrimônio, isto é, transfere a titularidade, para que o beneficiário da transferência possa exercer o direito transferido em nome próprio, mas em benefício daquele que transferiu.

Ainda que sejam institutos similares, o *trust* e o negócio fiduciário não se confundem, enquanto no primeiro há uma relação de confiança, o outro está cercado de previsibilidade legal. A esse respeito, Eduardo Salomão Neto[35]:

> Deve-se nesse ponto destacar que para um certa linha de pensamento o *trust* não poderia ser considerado como negócio fiduciário, dada a previsão legal de proteção ao beneficiário de que é cercado de jurisdições em que existe, proteção esta que na prática previne e impede o abuso de confiança.

A preponderância da confiança nas relações que envolvem o instituto do *trust*, o são inerente desde sua criação na Idade Média, como dispõe Diogo Leite de Campos e Maria João Vaz Tomé[36], veja:

> *Trust* significa confiança. Os ingleses e os americanos manifestaram sempre sua preferência pela confiança em terceiros, em detrimento da confiança em disposições legais gerais e abstratas que, de resto, são sempre passíveis de serem violadas. Esta ideia de confiança conduziu à atribuição de uma ampla liberdade de agir ao *trustee*. (...)
> Este espírito de confiança opõe-se à assim denominada desconfiança latina. Nos sistemas jurídicos anglo-americanos procura-se a eficácia, a produtividade econômica dos bens geridos e a rapidez de actuação.

Pois bem, vista a origem histórica do *trust*, sua definição e as características que o aproximam e o afastam do negócio fiduciário, importante se analisar os elementos subjetivos do *trust*, quais sejam os integrantes da relação.

[35] Salomão Neto, Eduardo. **O *Trust* e o Direito Brasileiro**. 1 ed. São Paulo: LTr, 1996, p. 91.

[36] Campos, Diogo Leite de; Tomé, Maria João Vaz. **A Propriedade Fiduciária (*Trust*) Estudo para a sua Consagração no Direito Português**. Coimbra: Almedina, 1999, p. 13.

O primeiro integrante da relação contratual do *trust* é conhecido com *settlor* ou *grantor*. É a partir da declaração da vontade do *settlor* ou *grantor* de transferir seus bens que se inicia a o *trust*. Nas palavras de Diogo Leite de Campos e Maria João Vaz Tomé[37] o *settlor* ou *grantor* é:

> (...) o fundador do *trust*. A relevância da figura do *settlor* ou *trustor* extinguese com a emissão da declaração de vontade de constituição do *Trust*, ligada à imposição de deveres fiduciários ao *trustee* relativamente à res a favor do beneficiário e acompanhada pela transferência da titularidade dos respectivos bens ou direitos constituídos em *trust*.

Na mesma linha, Verônica Scriptore Almeida e Freire[38]:

> O *settlor* é o fundador do *Trust*. De facto, este termo é aplicado para as pessoas que criam o *Trust*. Portanto, o *settlor* é o proprietário inicial dos bens destinados ao *Trust*. Logo, é ele quem realiza a transferência da propriedade necessária para sua constituição.

Através dos excertos colacionados acima, é possível se extrair que o *settlor* é a pessoa, física ou jurídica, que através de sua declaração de vontade, dá início a relação contratual do *trust*. Importante ressaltar que o *trust* é uma espécie contratual e não uma figura societária.

O segundo sujeito que compõe a relação contratual do *trust* é o *trustee*. O *trustee* é aquele que fica com a posse dos bens e direitos do *settlor* e é responsável por sua administração.

Melhim Namem Chalhub[39] de maneira detalhada e completa dispõe sobre os limites e os deveres a serem cumpridos pelo *trustee*:

> Por esse mecanismos, o *trustee* é investido do direito de propriedade sobre os bens objeto do negócio, mas só pode exercer os poderes que se mostrarem necessário para a consecução de determinado objetivo

[37] Campos, Diogo Leite de; Tomé, Maria João Vaz. **A Propriedade Fiduciária (*Trust*) Estudo para a sua Consagração no Direito Português.** Coimbra: Almedina, 1999, p. 40.

[38] Almeida, Verônica Scriptore Freire e. **A Tributação dos *Trusts*.** 1 ed. Coimbra: Almedina, 2009, p. 35.

[39] Chalhub, Melhim Namem. ***Trust*: perspectivas do direito contemporâneo na transmissão da propriedade para a administração de investimento e garantia.** Rio de Janeiro: Renovar, 2001, p.2.

> ou para beneficiar outra pessoa, conforme estiver escrito no ato constitutivo do *trust*; vale dizer, os poderes conferidos ao *trustee* são um meio para alcançar a finalidade estabelecida por aquele que instituiu o *trust* (que é denominado *settlor*), Em suma, o *trustee* só detém essa propriedade em *trust*, para a outra pessoa, e não para si próprio, ou detém essa propriedade para o objetivo em causa. Logo, quando uma propriedade é transmitida em *trust*, os bens não são incorporados em termos plenos ao patrimônio do adquirente (*trustee*), mas vão acompanhados de encargos imputados a esse último, dai porque passam a constituir um patrimônio de afetação, distinto do patrimônio do *trustee* e guardando autonomia em relação a esse patrimônio, de modo que eventuais desequilíbrios sofridos pelo patrimônio do *trustee* não atingem os bens em *trust*.

A respeito dos bens e direitos transferidos ao *trustee*, veja o que assenta Verônica Scriptore Almeida e Freire:[40]

> A partir do exposto, concluímos que o *trustee* não tem uma posição de domínio total e absoluto sobre os bens ou direitos constituídos em *Trust*, em virtude das limitações que lhe são impostas pelas regras de equidade. [...] observa-se que apesar do administrador ser o real titular da *trust* res, não usufrui suas utilidades, ou melhor, não esta perante as vantagens que esta situação lhe conferiria no direito clássico: gozar da coisa, sem qualquer limitação e com exclusividade.

Em outras palavras, o *trustee* é o titular legal dos bens e direitos do *settlor* mas que possui aparência de proprietário perante terceiros, tendo o dever administrar os bens e direitos e o dever de remeter ao beneficiários os frutos da administração.

O terceiro integrante que compõe a relação contratual do *trust* é o beneficiários mencionado acima. A grosso modo, o beneficiário é aquele que aufere as vantagens/ benefícios obtidos com a administração dos bens e direitos do *settlor* pelo *trustee*.

Importante observar que, em razão da origem sucessória do *trust*, qual seja a sucessão hereditária dos vassalos a idade média, os beneficiários devem ser identificados previamente em contrato. Nesse sentido,

[40] Almeida, Verônica Scriptore Freire e. **A Tributação dos *Trusts***. 1 ed. Coimbra: Almedina, 2009, p. 37.

Eduardo Salomão Neto[41] diz que os beneficiários "devem ser indicados com grau de certeza considerado pelos tribunais suficientes para as finalidades do *trust* que se queira constituir'".

Por fim, o último ponto relevante para a análise dos contratos de *trust* são os seus elementos objetivos, quais sejam: a declaração de vontade do *settlor*; a transmissão dos bens; e os próprios bens e direitos.

A declaração de vontade é um tema amplamente estudado pela teoria geral do direito e a esse respeito dispõe Francisco Cavalcanti Pontes de Miranda[42]:

> A exteriorização ou manifestação da vontade humana pode ser positiva, ou ser negativa (omissão), ainda que por negligência (esquecimento do ato ou da sua importância). O que se passa interiormente, na vida espiritual interna, não é ato; nem o que resultou da vis absoluta; nem o que não partiu de determinação estranha à vida consciente. O funcionamento normal da vontade, no tocante a atos, que podem ser jurídicos, está à base da teoria da capacidade, que alude ao sujeito, e não ao ato em si. Os atos humanos, se alguma regra jurídica incide sobre eles, dizendo suficiente o suporte fático, fazem-se jurídicos.

Nas palavras de Diogo Leite de Campos e Maria João Vaz Tomé[43], a declaração de vontade:

> Deve-se verificar a assim denominada "certeza de expressão" por parte do *settlor* ou do testador na constituição do *trust*. Desse modo, em ordem a tornar claro que pretende constituir o *trust*, no ato constitutivo, o *settlor* deve usar termos despidos de ambiguidade. Trata-se do requisito da certanty of words.

A declaração de vontade, enquanto elemento objetivo do contrato de *trust*, deve ser compreendida como uma manifestação válida do *settlor*, capaz de produzir efeitos jurídicos, ou seja, é a vontade do *settlor* amparada no ordenamento jurídico.

[41] SALOMÃO NETO, Eduardo. **O *Trust* e o Direito Brasileiro.** 1 ed. São Paulo: LTr, 1996. p. 30.

[42] MIRANDA, Francisco Cavalcanti Pontes de. **Tratado de Direito Privado.** Tomo I, § 24. 1 ed. Bookseller, 2004. p. 83-84.

[43] CAMPOS, Diogo Leite de; TOMÉ, Maria João Vaz. **A Propriedade Fiduciária (*Trust*) Estudo para a sua Consagração no Direito Português.** Coimbra: Almedina, 1999, p. 37.

O segundo elemento objetivo do contrato de *trust* é a transferência de bens. Trata-se da transferência de bens e direitos de propriedade do *settlor* para o *trustee*, para que esse último realize a administração.

A cerca da transmissão válida de bens e direitos, Diogo Leite de Campos e Maria João Vaz Tomé[44] dispõem:

> Se o *settlor* não transferir válida e eficazmente os bens ou direitos para o *trustee*, nem tão pouco se declarar a si próprio como *trustee*, não existe *trust*. No caso de o *settlor* não adimplir a sua promessa de transferir os bens ou direitos surge a questão de se saber se o pretenso beneficiário tem o poder de o compelir a cumprir. O direito angloamericano apenas lhe confere esse poder se tiver prestado consideration

No mesmo sentido, Melhim Namem Chalhub[45]:

> Além da manifestação de Vontade do *settlor*, é também indispensável para constituir o *trust* que os bens e direitos objeto do *trust* sejam efetivamente transmitidos ao *trustee*, salvo se uma pessoa concentrar as atribuições de *settlor* e *trustee*.
> A transmissão da titularidade dos bens ou direitos se faz de acordo com as regras gerais pertinentes à alienação, observadas as particularidades aplicáveis aos bens móveis e imóveis.

Da análise dos excetos acima colacionados é possível se inferir que, ainda que exista uma declaração de vontade do *settlor*, o contrato do *trust* para ser efetivo depende da transmissão dos bens e direitos, isto é, a transmissão deve ser realizada conforme o estabelecido pela legislação local.

Destaca-se que, conforme mencionado anteriormente, o *trust* não é uma estrutura societária, ou seja, não possui personalidade jurídica. Assim, entende-se que a transmissão dos bens e direitos deve seguir o disposto no artigo 7º da Lei nº 8.668 /1993, que trata da transmissão de bens para fundos sem personalidade jurídica.

[44] Campos, Diogo Leite de; Tomé, Maria João Vaz. **A Propriedade Fiduciária (*Trust*) Estudo para a sua Consagração no Direito Português.** Coimbra: Almedina, 1999, p. 39.

[45] Chalhub, Melhim Namem. ***Trust*: perspectivas do direito contemporâneo na transmissão da propriedade para administração de investimentos e garantia.** 1. ed. Rio de Janeiro: Renovar, 2001. p.40.

O terceiro elemento objetivo do contrato de *trust* é o principal, ou seja, são os bens e os direitos que são transmitidos pelo *settlor* ao *trustee*, para que esse possa comprimir o objeto do contrato de *trust*, qual seja a administração dos bens e direitos.

Nas palavras de Verônica Scriptore Almeida e Freire[46]:

> Para que exista uma relação de *trust*, deverá necessariamente haver alguma "propriedade" individualizada pelo *settlor* e designada para o benefício de alguém. Na verdade, a existência de um qualquer direito patrimonial afigura-se como sendo um requisito essencial.
>
> Insta relembrar, neste ponto, que os bens ou direitos (propriedades do constituinte) após transferidos para um *Trust*, passam a ser uma propriedade dualística, onde o *trustee* terá o legal tittle e o beneficiário terá o equitable tittle (benefícios da *trust* property).

No mesmo sentido, Eduardo Salomão Neto[47]:

> Um "*trust*" somente pode ser validamente constituído em caso de seu instituidor designar com precisão suficiente o patrimônio sobre o qual existirá. Em vista disso, a jurisprudência tem considerado imprecisas e incapazes de levar à constituição válidade um *trust* expressões vagas tais como 'a maior parte de meu patrimônio', 'a parte de meu patrimônio que não for vendida' e ' a parte remanescente que sobrar' entre outras.

Salienta-se que, para que o contrato de *trust* seja válido, é preciso que bens e os direitos que serão transmitidos pelo *settlor* ao *trustee* sejam determinados, ou seja, para que o contrato tenha eficácia, é preciso que seja especificado exatamente quais bens e direitos serão transferidos.

5.2. Aspectos tributários do *trust*

Antes de se adentrar a análise da tributação incidente sobre as operações de *trust*, importante mencionar que em razão da falta de previsão do instituto no ordenamento jurídico brasileiro, não há na legislação previsão expressa acerca tributação das referidas operações.

[46] ALMEIDA, Verônica Scriptore Freire e. **A Tributação dos *Trusts*.** 1 ed. Coimbra: Almedina, 2009, p. 46.

[47] SALOMÃO NETO, Eduardo. **O *Trust* e o Direito Brasileiro.** 1 ed. São Paulo: LTr, 1996, p. 29.

Pois bem, conforme mencionado e definido anteriormente, o imposto de renda tem como fato gerador a aquisição de renda ou proventos de qualquer natureza, devendo haver a disponibilidade econômica ou jurídica dos valores percebidos.

Além disso, nos termos da Lei nº 7.713/1988, que dispõe sobre o Imposto de Renda das pessoas físicas residente ou domiciliadas no Brasil, todos os rendimentos por ela auferidos, integram a base de cálculo do imposto, veja:

> Artigo 3º O imposto incidirá sobre o rendimento bruto, sem qualquer dedução, ressalvado o disposto nos arts. 9º a 14 desta Lei.
>
> § 1º Constituem rendimento bruto todo o produto do capital, do trabalho ou da combinação de ambos, os alimentos e pensões percebidos em dinheiro, e ainda os proventos de qualquer natureza, assim também entendidos os acréscimos patrimoniais não correspondentes aos rendimentos declarados.
>
> § 2º Integrará o rendimento bruto, como ganho de capital, o resultado da soma dos ganhos auferidos no mês, decorrentes de alienação de bens ou direitos de qualquer natureza, considerando-se como ganho a diferença positiva entre o valor de transmissão do bem ou direito e o respectivo custo de aquisição corrigido monetariamente, observado o disposto nos arts. 15 a 22 desta Lei.
>
> § 3º Na apuração do ganho de capital serão consideradas as operações que importem alienação, a qualquer título, de bens ou direitos ou cessão ou promessa de cessão de direitos à sua aquisição, tais como as realizadas por compra e venda, permuta, adjudicação, desapropriação, dação em pagamento, doação, procuração em causa própria, promessa de compra e venda, cessão de direitos ou promessa de cessão de direitos e contratos afins.
>
> § 4º A tributação independe da denominação dos rendimentos, títulos ou direitos, da localização, condição jurídica ou nacionalidade da fonte, da origem dos bens produtores da renda, e da forma de percepção das rendas ou proventos, bastando, para a incidência do imposto, o benefício do contribuinte por qualquer forma e a qualquer título.
>
> § 5º Ficam revogados todos os dispositivos legais concessivos de isenção ou exclusão, da base de cálculo do imposto de renda das pessoas físicas, de rendimentos e proventos de qualquer natureza, bem como os que

> autorizam redução do imposto por investimento de interesse econômico ou social.
>
> § 6º Ficam revogados todos os dispositivos legais que autorizam deduções cedulares ou abatimentos da renda bruta do contribuinte, para efeito de incidência do imposto de renda.

Embora não haja nenhuma isenção ou redução do Imposto de Renda nas operações de *trust*, a questão controversa se coloca quanto ao aspecto pessoal do imposto, ou seja, quem é o sujeito passivo da relação.

Note-se que o *trustee* é o sujeito que tem a propriedade dos bens e direitos nas operações de *trust*. Em outras palavras, o *trustee* é o único sujeito da relação que possui disponibilidade, tanto econômica quanto jurídica dos bens e direitos na operação de *trust*.

A esse respeito, veja o que dispõe Ricardo Mariz de Oliveira[48]:

> Entretanto, é possível haver incidência do imposto de renda no Brasil se o "*trustee*" for aqui residente, porque é ele o proprietário dos bens e o titular da disponibilidade jurídica das respectivas rendas (CTN, artigo 45), sejam elas adquiridas dentro ou fora do País.
>
> Também é possível haver incidência do imposto de renda no Brasil se o "*trustee*" for residente no exterior, mas empregar os recursos financeiros do "*trust*" em nosso país, por exemplo, se negociar em Bolsa no Brasil ações de pessoas jurídicas brasileiras ou se adquirir imóveis que frutifiquem alugueis ou que venham a produzir ganho de capital em posterior alienação.
>
> Neste último caso, porque é ele o proprietário dos bens e o titular da disponibilidade jurídica das respectivas rendas (CTN, artigo 45), haverá incidência da tributação brasileira como ocorre com relação a todo e qualquer residente no exterior, seja a cobrança através de retenção na fonte ou por recolhimento através de procurador, mas sempre o contribuinte será o "*trustee*".

Por outro lado, temos o beneficiário das operações de *trust*, o sujeito definido para receber do *trustee* os proventos da relação definida em

[48] OLIVEIRA, Ricardo Mariz. **O instituto do "*trust*" na perspectiva do direito brasileiro.** Disponível em <https://www.marizadvogados.com.br/wp-content/uploads/2018/02/NArtigo07-2016.pdf>. Acesso em 03 de março de 2020.

contrato. Veja o que Ricardo Mariz de Oliveira[49] aduz sobre a incidência do imposto:

> Neste passo, os beneficiários somente passam a ter alguma relação jurídica tributária quando receberem os benefícios do "*trust*", os quais tanto podem ser rendas periódicas quanto a entrega da propriedade dos bens, feita pelo "*trustee*" no encerramento do contrato ou durante a sua vigência.
> Quando isto ocorre, os beneficiários podem ser sujeitos a alguma incidência tributária fora do Brasil, a ser verificada concretamente em cada caso, mas no Brasil a incidência não será do imposto de renda, por não se tratar de aquisição de renda e, sim, de transferência patrimonial a título gratuito.
> Por evidente, se futuramente os bens recebidos do "*trust*" gerarem rendas para as pessoas que eram beneficiárias e se tornaram proprietárias, tais rendas serão sujeitas à incidência do imposto de renda brasileiro sobre os respectivos titulares aqui residentes, ainda que sejam rendas adquiridas for do Brasil.
> Já na recepção de rendas periódicas do "*trust*" ou na entrega, por este, dos próprios bens que o compunham, a respectiva natureza jurídica é de aquisição gratuita e não onerosa, caracterizando-se o que conhecemos em doutrina como "transferências patrimoniais" ou "transferências de capital", as quais estão fora do campo de incidência do imposto de renda.

Diante dos excertos acima colacionados, conclui-se que o sujeito passivo do Imposto de Renda é o *trustee* quando este for residente ou domiciliado no Brasil, ou ainda nas hipóteses em que aqui empregar os recursos que lhe foram transferidos em contrato.

Além disso, embora o beneficiário seja o sujeito definido em contrato para receber os proventos da relação definida em contrato, os proventos são transferidos a ele pelo *trustee* a título gratuito e, portanto, não há a incidência de imposto de renda.

No que se refere a incidência do ITBI, o artigo 156, inciso II da Constituição Federal, dispõe que o aspecto material do referido imposto,

[49] Oliveira, Ricardo Mariz. **O instituto do "*trust*" na perspectiva do direito brasileiro**. Disponível em <https://www.marizadvogados.com.br/wp-content/uploads/2018/02/NArtigo07-2016.pdf>. Acesso em 03 de março de 2020.

também denominado como fato gerador, é a transmissão de bens imóveis em caráter oneroso, bem como a cessão de direito.

Note-se que, não há onerosidade na transmissão por contrato dos bens de direitos do *settlor* ao *trustee*, do mesmo modo que também não há que se falar em onerosidade na transferência patrimonial do *trust* ao beneficiário. Não há, portanto, a incidência de ITBI.

Entretanto, nas palavras de Ricardo Mariz de Oliveira, "*pela mesma razão, pode haver a incidência do imposto sobre a transmissão não onerosa da propriedade, do* 'trustee' *para cada beneficiário.*"[50]

O ITCMD por sua vez, conforme disposto no artigo 155, inciso I, da Constituição Federal, incide na transmissão de bens e direito através de doação ou sucessão (*causa mortis*). A esse respeito, assevera Ricardo Mariz de Oliveira[51]:

> Esse imposto incide tanto quanto, na anterior transferência da propriedade dos bens pelo "*settlor*" ao "*trustee*", quando da instituição do "*trust*", aquele pode se sujeitar ao imposto sobre doações. Isto é assim, ainda que o "*settlor*" reserve alguns direitos para si, em sua órbita de relação com o "*trustee*" e com a administração do "*trust*", pois na substância do contrato que transfere a propriedade há uma doação com encargo.[...]
> Mas o detalhe a ser observado quando da transferência de bens pelo "*trustee*" aos beneficiários, é que ele tem aproximação com o imposto sobre a transmissão "causa mortis", nos casos em que a instituição do "*trust*" tenha visado a sucessão hereditária e a instrução dada ao "*trustee*" tenha sido a de entrega quando da morte do "*settlor*", aos herdeiros destes.[...]
> Realmente, a ocorrência será de transferência não onerosa, pelo "*trustee*" aos beneficiários, e estes poderão ser sujeitos à incidência do imposto sobre doações.

[50] Oliveira, Ricardo Mariz. **O instituto do "*trust*" na perspectiva do direito brasileiro.** Disponível em <https://www.marizadvogados.com.br/wp-content/uploads/2018/02/NArtigo07-2016.pdf>. Acesso em 03 de março de 2020.

[51] Oliveira, Ricardo Mariz. **O instituto do "*trust*" na perspectiva do direito brasileiro.** Disponível em <https://www.marizadvogados.com.br/wp-content/uploads/2018/02/NArtigo07-2016.pdf>. Acesso em 03 de março de 2020.

Conclui-se, portanto, que o ITCMD irá incidir na transmissão dos bens e direitos do *settlor* ao *trustee*, na transmissão dos proventos obtidos com a administração dos bens e direitos pelo *trustee* e, por fim, na transmissão dos bens e direitos pelo *trustee* aos herdeiros na hipótese de falecimento do *settlor*.

6. UTILIZAÇÃO DE FUNDOS DE INVESTIMENTO PARA A GESTÃO PATRIMONIAL

Os fundos de investimentos podem ser entendidos como uma modalidade de investimento coletivo, na qual as pessoas físicas ou jurídicas depositam recursos, tornando-se quotistas do fundo na proporção de seus recursos. Os recursos depositados são reinvestidos, de modo geral em aplicações que necessitem de um aporte maio de capital, trazendo retornos maiores aos quotistas.

6.1. Estrutura societária dos fundos de investimento

Os fundos de investimento, conforme dispõe Ricardo Santos Freitas[52], tem sua origem na Grécia e na Roma antiga, e foram inspirados nos *trusts*, sendo inclusive utilizados para a resolução de questões envolvendo direito sucessório e a proteção do patrimônio.

No entanto, os fundos de investimento, tal qual se conhece na atualidade, surgiu nos Estado Unidos como uma opção de investimento para as empresas de pequeno e médio porte.

A esse respeito, veja o que dispõe Rodrigo Pará Diniz[53]:

[52] FREITAS, Ricardo de Santos. Natureza Jurídica dos Fundos de Investimento. São Paulo: Quartier Latin, 2005.

[53] DINIZ. Rodrigo Pará. Fundos de investimento no direito brasileiro: aspectos tributários e questões controversas em matéria fiscal. São Paulo: Almedina, 2014, p. 57.

> Os fundos de investimento em participações possuem sua origem no mercado financeiro norte-americano, especificamente nos chamados fundos de private equity, que buscavam atrativas oportunidades de investimento em companhias de pequeno e médio porte (majoritariamente de capital fechado), de administração majoritariamente familiar.
> Assim, os fundos de private equity norte-americanos, destinados fundamentalmente aos investidores institucionais, como os fundos de pensão e as próprias instituições financeiras, adquiriam participações societárias nas aludidas companhias, na expectativa de que, como novas fontes de recursos e eventuais choques de gestão, seus segmentos de atuação se desenvolvessem e, consequentemente, as participações societárias adquiridas se valorizassem, possibilitando que fossem revendidas a terceiros com significativas margens de lucros.
> Naturalmente, tal sistemática de investimento ganhou grande visibilidade, levando diversos investidores, brasileiros e estrangeiros, a vislumbrarem no Brasil e em demais países em desenvolvimento, ricos territórios para sua implementação.

No Brasil, conforme dispõe Eduardo Cherez Paiva[54], a criação de estruturas similares aos fundos de investimento ocorreu na década de 1940, por meios das quais eram realizados investimentos coletivos.

Na década de 1970, através da Lei nº 6.385 de 07 de dezembro de 1976, foi criada a Comissão de Valores Mobiliários — CVM. A Comissão de Valores Mobiliários é uma autarquia federal, vinculada ao Ministério da Fazenda, a qual compete a regulamentação do mercado financeiro e de capitais. Veja o que dispõe a exposição de motivos da referida lei:

> O projeto institui a Comissão de Valores Mobiliários — CVM, com a função de disciplinar o mercado de títulos privados — ações, debêntures e outros — sob a orientação e coordenação do Conselho Monetário Nacional. 0 campo de ação da CVM se estende às companhias abertas, aos intermediários e a outros participantes do mercado.
> Ademais, o projeto atualiza a legislação do mercado de capitais relativa aos valores mobiliários, regulando a emissão e distribuição desses valores, a negociação e intermediação no mercado, a organização, o fun-

[54] Paiva, Eduardo Cherez. Fundos de Investimento — Estrutura Jurídica e Agentes de Mercado Como Proteção do Investimento. São Paulo: Quartier Latin, 2016. p.33.

cionamento e as operações das bolsas de valores, e outras atividades correlatas.

Importante mencionar que, o artigo 9º, inciso I, alínea "c", da Lei nº 6.385/1976, já previa como atribuição da CVM a fiscalização dos fundos de investimento.

Considerando a existência de inúmeros tipos de fundos de investimento, não é de se estranhar que estes sejam regulamentados de forma esparsa nas Instruções CVM. A esse respeito, veja o que dispõe a própria Comissão de Valores Mobiliários[55]:

> Existem diversos tipos de fundos e, muitos deles, são registrados na CVM e regidos pelas regras da Instrução CVM 555 (norma substituidora da Instrução CVM 409), como, por exemplo, os fundos de renda fixa, de ações e multimercado.
>
> Outros fundos possuem regras específicas. São os chamados fundos de investimento estruturados, que devem cumprir as Instruções CVM 356, 398, 444, 472, 578, 579 entre outras, de acordo com o tipo de fundo.

Atualmente, a Instrução CVM nº 555 de 17 de dezembro de 2014, "*dispõe sobre a constituição, a administração, o funcionamento e a divulgação das informações dos fundos de investimento*".

O artigo 3º da Instrução CVM nº 555/2014 aduz que "*o fundo de investimento é uma comunhão de recursos, constituído sob a forma de condomínio, destinado à aplicação em ativos financeiros*".

Visto o conceito de fundos de investimento definido pela Comissão de Valores Mobiliários, veja-se o que dispõe Fernando Schwarz Gaggini[56]:

> Entidades de investimento coletivo constituídas por contratos particulares entre a instituição administradora e os clientes, onde o montante de recursos acumulado é destinado à aplicação em uma carteira diversificada de títulos e valores disponíveis no mercado financeiro.

[55] CVM. **Fundos de investimento**. Disponível em <http://www.cvm.gov.br/menu/regulados/fundos/sobre.html>. Acesso em 11 de março de 2020.

[56] Gaggini, Fernando Schwarz. **Fundos de Investimento no Direito Brasileiro**. São Paulo: Universitária de Direito, 2001. p. 18.

Em outras palavras, os fundos de investimento podem ser entendidos como uma modalidade de investimento coletivo, realizado por pessoas físicas ou jurídicas detentoras de recursos que, quando aplicados em conjunto, são mais vantajosos do que se aplicados individualmente.

Ressalta-se que nos termos do artigo 3º da Instrução CVM nº 555/2014 os fundos de investimento não são dotados de personalidade jurídica, isso significa dizer que muito embora os fundos estejam inscritos no Cadastro Nacional de Pessoa Jurídica ("CNPJ") não podem contrair direitos e/ou obrigações.

Ainda segundo a Instrução CVM nº 555/2014, os fundos de investimento são compostos (i) pelo quotistas, titular de parte das quotas do fundo; (ii) pelo administrador, que deve ser uma pessoa jurídica autorizada pela CVM para o exercício profissional da administração de carteiras de valores mobiliários[57]; (iii) pelo gestor, pessoa física ou jurídica autorizada pela CVM para o exercício profissional de administração de carteiras de valores mobiliários, contratada pelo administrador[58]; (iv) pelo custodiante, pessoas responsável pela guarda dos ativos do fundo de investimento; e (v) pelos ativos financeiro, entendidos como a carteira de investimentos do fundo.

Os fundos de investimento são regimentos pelo seu regulamento, o qual deve conter informações sobre o administrador, gestor, custodiante, a espécie do fundo, o prazo de duração, a política de investimento, as taxas, o público alvo, a distribuição dos resultados, dentre outras informações, todas elencadas no artigo 44 da Instrução CVM nº 555/2014.

> Art. 44. O fundo é regido pelo regulamento, que deve, obrigatoriamente, dispor sobre:
> I — a qualificação do administrador do fundo, com informação sobre o seu registro perante a CVM;
> II — quando for o caso, referência à qualificação do gestor da carteira do fundo, com informação sobre o seu registro perante a CVM;
> III — qualificação do custodiante, com informação sobre o seu registro perante a CVM;
> IV — espécie do fundo, se aberto ou fechado;

57 Artigo 2º, inciso I, da Instrução CVM nº 555/2014.

58 Artigo 2º, inciso XXX, da Instrução CVM nº 555/2014.

V — prazo de duração, se determinado ou indeterminado;

VI — política de investimento, de forma a caracterizar a classe do fundo, em conformidade com o disposto no art. 108;

VII — taxa de administração, fixa e expressa em percentual anual do patrimônio líquido (base 252 dias);

VIII — taxa de performance, de ingresso e de saída, observado o disposto nos arts. 86 e seguintes;

IX — taxa máxima de custódia, expressa em percentual anual do patrimônio líquido do fundo;

X — demais despesas do fundo, em conformidade com o disposto no art. 132;

XI — condições para a aplicação e o resgate de cotas, inclusive quanto ao disposto no art. 16, § 1º;

XII — condições para recebimento de aplicações e pedidos de resgates nos feriados estaduais e municipais;

XIII — distribuição de resultados compreendendo os prazos e condições de pagamento;

XIV — público alvo;

XV — intervalo para a atualização do valor da cota, quando for o caso;

XVI — exercício social do fundo;

XVII — identificação dos fatores de risco do fundo; e

XVIII — a forma de comunicação que será utilizada pelo administrador, em conformidade com o disposto no art. 10.

Parágrafo único. Na definição da política de investimento exigida no inciso VI do caput, devem ser prestadas informações sobre:

I — o percentual máximo de aplicação em ativos financeiros de emissão do administrador, gestor ou de empresa a eles ligada, observado o disposto no art. 102 desta Instrução;

II — o percentual máximo de aplicação em cotas de fundos de investimento administrados pelo administrador, gestor ou por empresa a eles ligada;

III — o percentual máximo de aplicação em ativos financeiros de um mesmo emissor, observados os limites do art. 102 desta Instrução; e

IV — a possibilidade, se for o caso, de o fundo realizar operações em valor superior ao seu patrimônio, com a indicação de seus níveis de alavancagem, observados os conceitos do item 3 da lâmina.

Sobre o regulamento dos fundos de investimento, colaciona-se os ensinamentos de José Henrique Longo, Luiz Kignel e Márcia Setti Phebo[59]:

> O regulamento do fundo, que é o seu documento mestre, e que deve ser aprovado pela CVM e conter, entre outras informações obrigatórias, a qualificação do administrador, do custodiante, a espécie de fundo (se aberto ou fechado), seu prazo de duração, sua política de investimento, as taxas de administração, de performance (se aplicável), de ingresso e de saída (se aplicável), condições para a aplicação e o resgate de quotas, distribuição de resultados, regras de divulgação de informações, política relativa ao exercício de direito do voto, informação sobre a tributação aplicável.

Pois bem, vista a origem histórica dos fundos de investimento, sua definição e composição, importante se analisar os quatro principais tipos de fundos de investimentos instituídos pela Instrução CVM nº 555/2014, quais sejam: (i) renda fixa; (ii) ações; (iii) multimercado; e (iv) cambial.

Destaca-se que, para fins tributários, a Receita Federal do Brasil analisa alguns aspectos dos fundos de investimentos e os classificam quanto ao tipo de rendimento, fixo ou variável, prazo de aplicação dos recursos e forma de constituição, condomínio aberto ou fechado.

Em primeiro lugar, antes de se adentrar à análise dos fundos de renda varável, é precisa entender o que é renda variável. Segundo a Receita Federal do Brasil renda variável é aquela cuja remuneração ou retorno do capital não pode ser dimensionado no momento da aplicação do recurso.

Em bora não haja uma definição de renda variável na Instrução CVM nº 555/2014, os fundos de renda variável (fundo de ações) nos termos do artigo 115 são aqueles que tem "*como principal fator de risco a variação de preços de ações admitidas à negociação no mercado organizado.*"

Importante esclarecer que, embora um fundo seja classificado como um fundo de renda variável, os recursos não precisam ser aplicados exclusivamente nessa modalidade de investimento. Nos termos do artigo

[59] KIGNEL, Luiz; PHEBO, Márcia Setti; LONGO, José Henrique. **Planejamento Sucessório**. São Paulo:Noeses, 2014. p. 191.

115, parágrafo 1º, da Instrução CVM nº 555/2014, para que um fundo seja considerado de renda variável, 67% do seu patrimônio líquido deve ser composto por ativos de renda variável, os 33% restantes podem ser aplicados em qualquer outra modalidade de ativos.

A Receita Federal do Brasil adota o mesmo entendimento da Instrução CVM nº 555/2014, no que diz respeito a definição de fundos de renda variável. Veja o que dispõe o artigo 18 da Instrução Normativa nº 1.585/2015:

> Artigo 18. Os quotistas dos fundos de investimento em ações serão tributados pelo imposto sobre a renda exclusivamente no resgate de quotas, à alíquota de 15% (quinze por cento).
>
> § 1º A base de cálculo do imposto será constituída pela diferença positiva entre o valor de resgate e o custo de aquisição da cota, considerados pelo seu valor patrimonial.
>
> § 2º Para efeitos do disposto neste artigo, consideram-se fundos de investimento em ações aqueles cujo patrimônio líquido seja composto por, no mínimo, 67% (sessenta e sete por cento) de ações negociadas no mercado à vista de bolsa de valores ou entidade assemelhada, no País ou no exterior, na forma regulamentada pela CVM.
>
> [...]

Em outras palavras, os fundos de renda varável (fundo de ações) são aqueles em que o investidor, no momento da aplicação de seus recursos, não tem conhecimentos dos valores que serão resgatados no final da aplicação.

Por outro lado, nos termos do artigo 109 da Instrução CVM nº 555/2014 os fundos de renda fixa são aqueles que tem "*como principal fator de risco de sua carteira a variação da taxa de juros, de índice de preços, ou ambos.*" Embora um fundo seja classificado como um fundo de renda fixa, os recursos não precisam ser aplicados exclusivamente nessa modalidade de investimento. Nos termos do artigo 110 da Instrução CVM nº 555/2014, para que um fundo seja considerado de renda fixa, 80% de seu patrimônio líquido deve ser composto por ativos de renda fixa, os 20% restantes podem ser aplicados em qualquer outra modalidade de ativos.

Diversamente do que dispõe a Instrução CVM nº 555/2014, a Receita Federal do Brasil no artigo 18 da Instrução Normativa nº 1.585/2015, considera como fundo de renda fixa aquele que tenham no mínimo 75% de seu patrimônio líquido composto por ativos de renda fixa.

> Artigo 28. Os rendimentos e ganhos de capital auferidos por quotistas de fundos de investimento cujas quotas sejam admitidas à negociação no mercado secundário administrado por bolsa de valores ou entidade do mercado de balcão organizado, cujas carteiras sejam compostas por ativos financeiros que busquem refletir as variações e a rentabilidade de índices de renda fixa (Fundos de Índice de Renda Fixa) e cujos regulamentos determinem que suas carteiras sejam compostas, no mínimo, por 75% (setenta e cinco por cento) de ativos financeiros que integrem o índice de renda fixa de referência, sujeitam-se ao imposto sobre a renda às seguintes alíquotas: [...]

A Instrução CVM nº 555/2014 aduz ainda que os fundos de renda fixa podem ser classificados como fundos: (i) simples; (ii) referenciado; e (iii) dívida externa, e quanto ao tempo, curto ou longo prazo.

Por fim, importante ressaltara as vantagens da criação de fundos de investimento para a gestão do patrimônio da pessoa física. Além das vantagens tributárias, os fundos ainda são administrados por pessoas com experiência na área, o que o trona atrativo para muitos.

Segundo dispõem Érico Veras Marques e Jocildo Figueiredo Correia Neto a vantagem da utilização de fundos de investimentos é a existência de um gestor experiente para o seu gerenciamento e tomada de decisões, veja[60]:

> Uma vantagem de investir em fundos é que os investidores contam com especialistas gerenciando-os, tomando decisões de composição das carteiras de acordo com as regras de funcionamento estabelecidas para o fundo. Além disso, como o patrimônio é convertido em quotas, elas tornam-se mais líquidas do que se o investidor adquirisse diretamente os ativos que compõem o fundo.

[60] Marques, Érico Veras; Correia Neto, Jocildo Figueiredo. **Gestão financeira familiar: como asempresas fazem**. Rio de Janeiro: Editora Alta Books, 2016. p. 122.

Ainda a respeito dos benefícios da utilização dos fundos de investimento na administração patrimonial Rodrigo Dufloth dispõe[61]:

> O fundo de investimento, enquanto comunhão de recursos, constituído sob a forma de condomínio, destinada à aplicação de ativos financeiros, pode ser estruturado de formas completamente diferentes, podendo abarcar desde uma estrutura voltada ao pequeno investidor (mais avesso a riscos) até uma estrutura complexa voltada a investidores institucionais que investem em grandes empreendimentos (afeitos a riscos). E, entre trais extremos, há muito mais que cinquenta tons de cinza. Por aí é que reside a atratividade deste veículo, capaz de assumir diferentes formas, moldando-se às necessidades do investidor do público-alvo.

Vistas as principais características dos fundos de investimento, bem como as suas vantagens, passaremos agora à análise dos aspectos gerais de sua tributação.

6.2. Aspectos tributários dos fundos de investimentos

Em primeiro lugar, imperioso analisar a tributação incidente na integralização do capital dos fundos de investimento. Pois bem, o capital social pode ser integralizado pelos sócios com dinheiro, bens móveis e imóveis.

No que se refere a integralização de bens (móveis ou imóveis), o valor a ser considerado é o valor indicado pelo próprio sócio. Nos termos do artigo 142 do regulamento do Imposto de Renda, o valor do bem pode ser aquele declarado na Declaração do Imposto de Renda da Pessoa Física (valor de aquisição) ou o valor de mercado do bem.

Note-se que, caso a pessoa física opte por integralizar seus bens móveis ou imóveis a valor de marcado, ela terá de recolher imposto de renda sobre o ganho de capital eventualmente apurado. Trata-se de disposição expressa no RIR/2018, em seu artigo 142:

> Artigo 142. As pessoas físicas poderão transferir a pessoas jurídicas, a título de integralização de capital, bens e direitos, pelo valor constante da declaração de bens ou pelo valor de mercado.

[61] Dufloth, Rodrigo. **A proteção do investidor em fundos de investimento**. Rio de Janeiro: Lumen Juris, 2017. p. 22.

> § 1º Se a transferência for feita pelo valor constante da declaração de bens, as pessoas físicas deverão lançar nessa declaração as ações ou as quotas subscritas pelo mesmo valor dos bens ou dos direitos transferidos, hipótese em que não presumida a distribuição disfarçada de que trata o artigo 528.
> § 2º Se a transferência não se fizer pelo valor constante da declaração de bens, a diferença a maior será tributável como ganho de capital

Ainda no que se refere a integralização de capital, através de bens imóveis, importante mencionar que não haverá a incidência de ITBI, desde que o fundo não exerça, de forma preponderante, a atividade imobiliária. Essa imunidade está prevista no artigo 156, parágrafo 2º, inciso I, da Constituição Federal:

> Artigo 156. Compete aos Municípios instituir impostos sobre: [...]
> II — transmissão "inter vivos", a qualquer título, por ato oneroso, de bens imóveis, por natureza ou acessão física, e de direitos reais sobre imóveis, exceto os de garantia, bem como cessão de direitos a sua aquisição; [...]
> § 2º O imposto previsto no inciso II:
> I — não incide sobre a transmissão de bens ou direitos incorporados ao patrimônio de pessoa jurídica em realização de capital, nem sobre a transmissão de bens ou direitos decorrente de fusão, incorporação, cisão ou extinção de pessoa jurídica, salvo se, nesses casos, a atividade preponderante do adquirente for a compra e venda desses bens ou direitos, locação de bens imóveis ou arrendamento mercantil; (...)

Destaca-se que cabe a legislação de cada Município definir o que será considerado atividade preponderantemente imobiliária.

Caso o fundo possua atividade preponderantemente imobiliária e esteja obrigado ao recolhimento do ITBI, a título exemplificativo, o Munícipio de São Paulo possuí uma alíquota de 2%, a teor do disposto no artigo 12 do Decreto nº 55.196/2014, veja:

> Art. 12. O Imposto será calculado:
> I — nas transmissões compreendidas no Sistema Financeiro de Habitação — SFH, no Programa de Arrendamento Residencial — PAR e de Habitação de Interesse Social — HIS, aplicando-se a alíquota de:

a) 0,5% (meio por cento) sobre o valor efetivamente financiado, até o limite de R$ 68.843,97 (sessenta e oito mil oitocentos e quarenta e três reais e noventa e sete centavos);

b) 2% (dois por cento) sobre o valor restante;

II — nas demais transmissões, pela alíquota de 2% (dois por cento).

Parágrafo único. Na hipótese prevista no inciso I do "caput" deste artigo, quando o valor da transação for superior a R$ 68.843,97 (sessenta e oito mil oitocentos e quarenta e três reais e noventa e sete centavos), o valor do Imposto será determinado pela soma das parcelas estabelecidas nas alíneas "a" e "b" do referido inciso.

Após a integralização do capital no fundo, pode haver a doação de quotas com reserva de usufruto vitalício, do titular do patrimônio aos seus herdeiros. Por ocasião da doação das quotas, haverá a incidência do ITCMD. Note-se que essa possibilidade é de extrema relevância, visto que os herdeiros do usufrutuário não terão de passar por um longo processo de sucessão.

Novamente, a título exemplificativo, usaremos a legislação do Estado de São Paulo como referência. A teor do disposto no artigo 16 da Lei nº 10.705/2000, "o imposto é calculado aplicando-se a alíquota de 4% (quatro por cento) sobre o valor fixado para a base de cálculo".

Veja-se que a alíquota do ITCMD será a mesma para a doação de imóveis e para a doação de quotas, no entanto, as bases de cálculo não serão as mesmas. Na doação direta dos bens, a base de cálculo será o seu valor de mercado na data da doação do bem.

Por outro lado, embora a base de cálculo do imposto na doação de quotas também seja o valor do direito à época, a soma do valor nominal de cada quota será inferior será inferior ao valor do bem, visto que foi integralizado pelo custo de aquisição. Na prática, tem-se uma base de cálculo menor nas doações das quotas.

Outro ponto a se observar com relação ao ITCMD é o momento da incidência do imposto. Como regra geral, o ITCMD é devido no momento da doação, ou seja, nos casos dos bens imóveis ocorre com o registro do título de aquisição ou na lavratura da escritura e nos casos dos bens móveis e direitos o fato gerador ocorre com a tradição.

No entanto, o Regulamento do ITCMD do Estado de São Paulo (Decreto nº 46.655/2002), traz uma exceção à essa regra. Veja o que dispõe o artigo 31:

> Artigo 31 — O imposto será recolhido: (...)
> II — na doação: (...)
> c) nos momentos indicados no § 3º, se houver reserva do usufruto, do uso ou da habitação sobre o bem, em favor do doador; § 3º — Na hipótese prevista na alínea c do inciso II, o imposto será recolhido:
> 1 — antes da lavratura da escritura, sobre o valor da nua-propriedade;
> 2 — por ocasião da consolidação da propriedade plena, na pessoa do nu-proprietário, sobre o valor do usufruto, uso ou habitação;
> 3 — facultativamente, antes da lavratura da escritura, sobre o valor integral da propriedade.

A teor do artigo transcrito acima, o imposto sobre a doação das quotas, na hipótese em que houver a reserva de usufruto, será devido, na proporção de 2/3 (dois terços) no momento da tradição da quota, e na proporção de 1/3 (um terço) com a extinção da reserva de usufruto, devendo a base de cálculo ser apurada no momento do pagamento do imposto.

Vista a tributação incidente sobre a integralização de capital e na doação de quotas do fundo, veja-se a tributação incidente no desenvolvimento de atividades dos fundos de investimento.

Pois bem, conforme mencionado e definido anteriormente, o imposto de renda tem como fato gerador a aquisição de renda ou proventos de qualquer natureza, devendo haver a disponibilidade econômica ou jurídica dos valores percebidos.

No que se refere à ocorrência do fato gerador do imposto de renda nos fundos de investimento, conforme dispõe Roberto Salles, Juliana Fonseca e Emmanuel Abrantes[62], este pode ocorrer em três momentos, quais sejam: (i) ganho de capital na alienação das quotas; (ii) ganho líquido na alienação em bolsa; e (iii) percepção de rendimento positivo da quota ou em sua amortização.

Segundo Eduardo Fortuna[63], a base de cálculo do imposto de renda incidente será o valor do rendimento auferido pelo quotista, além disso a incidência do imposto de renda se dá sobre os valores líquidos do

[62] SALLES, Roberto; FONSECA, Juliana; e ABRANTES, Emmanuel Garcia. Aspectos Práticos e Regulamentares da Tributação de Fundos de Investimento. In: FREITAS, Bernardo Vianna; VERSIANI, Fernanda Valle (coord.). *op. cit.* p. 344.

[63] FORTUNA, Eduardo. **Mercado Financeiro — Produtos e Serviços**. 21ª Ed. Rio de Janeiro: Qualitymark, 2017. p. 725.

imposto sobre operações financeiras, em outras palavras, a base de cálculo do imposto é a "*diferença positiva entre o valor do resgate e o custo de aquisição das quotas*"[64].

Destaca-se que, a própria Receita Federal do Brasil expressamente prevê que o IOF será excluído da base de cálculo do imposto de renda, na Instrução Normativa nº 907/2009.

Nos termos da Instrução Normativa nº 1.585/2015, as alíquotas do imposto de renda podem variar entre 0% e 22,5%, a depender das características e das peculiaridades de cada fundo de investimento.

Importante mencionar que as carteiras dos fundos de investimento, nos termos do artigo 14 da Instrução Normativa nº 1.585/2015 são isentos do imposto de renda. A esse respeito, Paulo Marcelo de Oliveira Bento, Rafael Macedo Malheiro, Ramon Machado Castilho, Renato Reis Batiston e Renato Souza Coelho[65].

> O fundo de investimento é uma comunhão de recursos constituída sob a forma de condomínio, portanto, não está sujeito ao tratamento tributário aplicável às pessoas físicas ou jurídicas; ao contrário, está sujeito a tratamento tributário específico, cuja principal característica é a desoneração tributária do fundo de investimento e concentração da tributação no nível dos quotistas.

Outro ponto relevante da tributação dos fundos de investimento é o fenômeno denominado come-quotas, previsto na Lei nº 11.033/2004, que pode ser entendido como o "*recolhimento semestral do imposto de renda sobre os ganhos de capital dos Fundos de Renda Fixa em forma de subtração de parte das quotas em posse dos investidores*"[66].

O come-quotas é o fenômeno pelo qual há a incidência do imposto de renda sobre o valor da variação das quotas, sem que haja, no entanto, a disponibilidade econômica dos rendimentos. Ou seja, há um "resgate

[64] Fortuna, Eduardo. **Mercado Financeiro — Produtos e Serviços.** 21ª Ed. Rio de Janeiro: Qualitymark, 2017. p. 347.

[65] Bento, Paulo (coord.). ***Manual de tributação no mercado financeiro.*** São Paulo: Saraiva, 2011, p.154

[66] Fortuna, Eduardo. **Mercado Financeiro — Produtos e Serviços.** 21ª Ed. Rio de Janeiro: Qualitymark, 2017. p. 726.

fictício" das quotas dos investidores duas vezes ao ano (maio e novembro). A esse respeito, Eduardo Fortuna pontua[67]:

> A cobrança subtrai dos investimentos no último dia dos meses de novembro e maio o valor equivalente a 15% do lucro entre a data do aporte ou do recolhimento anterior e a data da tributação, no caso dos Fundos de Longo Prazo, e quantia equivalente a 20% do rendimento, em Fundos de Curto Prazo. [...]
> Como o nome diz, o investidor deve observar que o valor de suas quotas dos Fundos não será reduzido com a tributação, mas ele passará a ter menos quotas do Fundo após o fim de maio e novembro.
> O come-quotas só é cobrado após a dedução da taxa de administração sobre os Fundos, portanto o imposto incide sobre a rentabilidade bruta do Fundo, após os custos de aplicação.

Além disso, nas hipóteses em que o investidor realizar o resgate de suas quotas após a cobrança do come-quotas, porém antes do prazo estipulado para o investimento, haverá a incidência de um imposto de renda complementar. As alíquotas do imposto de renda complementar podem variar entre 2,5% a 7,5%.

6.3. Fundos de investimentos imobiliários

Visto a origem dos fundos de investimento e analisada as principais características de sua estrutura societária, bem como os aspectos gerais de sua tributação, passamos agora à analisar as especificidades do Fundos de Investimento Imobiliário — FII.

Os Fundos de Investimento Imobiliários — FII são regulamentados por normas próprias, em especial pela Lei nº 8.668/1993 e pela Instrução CVM nº 472/2008.

Nos termos da Lei nº 8.668/1993, que dispõe sobre a constituição e o regime tributário dos fundos, os Fundos de Investimento Imobiliários devem ser entendidos como uma comunhão de recursos destinados à aplicação em empreendimentos imobiliários. Veja o que dispõe o artigo 1º da referida Lei:

[67] Fortuna, Eduardo. **Mercado Financeiro — Produtos e Serviços**. 21ª Ed. Rio de Janeiro: Qualitymark, 2017. p. 726-727.

Ficam instituídos Fundos de Investimento Imobiliário, sem personalidade jurídica, caracterizados pela comunhão de recursos captados por meio do Sistema de Distribuição de Valores Mobiliários, na forma da Lei nº 6.385, de 7 de dezembro de 1976, destinados a aplicação em empreendimentos imobiliários.

De forma semelhante a Instrução CVM nº 472/2008 em seu artigo 2º aduz que os Fundos de Investimentos Imobiliários são uma comunhão de recursos captados, os quais devem ser destinados à aplicação em empreendimentos imobiliários.

No mesmo sentido Avie Bodie, Alex Kane e Alan Marcus pontuam[68]:

> Um FII é semelhante a um fundo fechado. Os FIIs investem em imóveis ou empréstimos garantidos por imóveis. Além de emitirem ações, eles levantam capital tomando empréstimos de bancos e emitindo obrigações ou hipotecas. A maioria tem alta alavancagem, com um índice de dívida usual de 70%. Existem dois tipos principais de FII. Os fundos de investimento imobiliário de capital investem diretamente em imóveis, ao passo que os fundos de investimento imobiliário de hipoteca investem principalmente em empréstimos hipotecários e de construção. Geralmente, os FIIs são criados por bancos, seguradoras ou empresas hipotecárias, que funcionam como gestores de investimentos em troca de uma taxa.

Note-se que tanto a legislação quanto a doutrina entendem que a captação de recursos pelo fundo deve ser destina à aplicação em empreendimentos imobiliários. Os ativos que compreendem os empreendimentos imobiliários estão descritos no artigo 45 da Instrução CVM nº 472/2008, quais sejam:

> Art. 45. A participação do fundo em empreendimentos imobiliários poderá se dar por meio da aquisição dos seguintes ativos:
>
> I — quaisquer direitos reais sobre bens imóveis; de investimento, notas promissórias, e quaisquer outros valores mobiliários, desde que se trate de emissores cujas atividades preponderantes sejam permitidas aos FII;

[68] Bodie, Zvi. Kane, Alex. Marcus, Alan. **Investimento**. 10ª Ed. São Paulo: AMGH Editora, 2015. p. 84.

> II — ações, debêntures, bônus de subscrição, seus cupons, direitos, recibos de subscrição e certificados de desdobramentos, certificados de depósito de valores mobiliários, cédulas de debêntures, quotas de fundos de investimento, notas promissórias, e quaisquer outros valores mobiliários, desde que se trate de emissores registrados na CVM e cujas atividades preponderantes sejam permitidas aos FII;
> III — ações ou quotas de sociedades cujo único propósito se enquadre entre as atividades permitidas aos FII;
> IV — quotas de fundos de investimento em participações (FIP) que tenham como política de investimento, exclusivamente, atividades permitidas aos FII ou de fundos de investimento em ações que sejam setoriais e que invistam exclusivamente em construção civil ou no mercado imobiliário;
> V — certificados de potencial adicional de construção emitidos com base na Instrução CVM nº 401,de 29 de dezembro de 2003;
> VI — quotas de outros FII;
> IX — letras de crédito imobiliário.
> VII — certificados de recebíveis imobiliários e quotas de fundos de investimento em direitos creditórios (FIDC) que tenham como política de investimento exclusivamente, atividades permitidas aos FII e desde que estes certificados e quotas tenham sido objeto de oferta pública registrada na CVM ou cujo registro tenha sido dispensado nos termos da regulamentação em vigor;
> VIII — letras hipotecárias;
> IX — letras de crédito imobiliário; e
> X — letras imobiliárias garantidas. [...]

Assim, como qualquer outro fundo os fundos de investimento imobiliários são regimentados pelo seu regulamento, o qual deve conter informações sobre o administrador, gestor, custodiante, a espécie do fundo, o prazo de duração, a política de investimento, as taxas, o público-alvo, a distribuição dos resultados, dentre outras informações, todas elencadas no artigo 14 da Instrução CVM nº 472/2008.

No que se refere às quotas, como mencionado anteriormente, tratam-se da fração ideal do patrimônio investido de cada cotista. Nos Fundos de Investimento Imobiliários as quotas devem ser integralizadas em moeda nacional, podem ser integrados também imóveis.

As quotas dos fundos de investimento imobiliários podem ser negociadas em mercado regulamentado pela CVM, nos termos da Instrução CVM nº 472/2008. A esse respeito, Bolivar Godinho de Oliveira Filho[69]:

> Segundo a Instrução CVM n. 472, para as cotas serem negociadas em mercados regulamentados é necessário que sejam distribuídas publicamente por meio de oferta registrada na CVM, distribuídas com esforços restritos ou quando cotas da mesma série já estejam admitidas à negociação nesses mercados.

Importante mencionar que nos termos do artigo 13 da Lei nº 8.668/1993 os quotistas dos Fundos de Investimento imobiliários não podem exercer nenhum direito real sobre os imóveis integralizados no fundo, tão pouco sobre os empreendimentos imobiliários integrantes do patrimônio do fundo. Nesse sentido, Bolivar Godinho de Oliveira Filho aduz[70]:

> O cotista não poderá exercer qualquer direito sobre os imóveis pertencentes ao patrimônio líquido do fundo e não responde por qualquer obrigação legal ou contratual referente aos imóveis (Instrução CVM n. 472).

Ainda nos termos do artigo Lei nº 8.668/1993 os quotistas não respondem "pessoalmente por qualquer obrigação legal ou contratual, relativamente aos imóveis e empreendimento integrantes do fundo ou da administradora, salvo quanto à obrigação de pagamento do valor integral das quotas subscritas".

Sobre a não responsabilização dos quotistas, Rodrigo Dufloth dispõe que[71]:

> Apesar de ser titular das cotas do fundo, o cotista de um FII não poderá exercer qualquer direito real sobre os imóveis e os empreendimentos integrantes do patrimônio do fundo, uma vez que a propriedade das cotas

[69] OLIVEIRA FILHO, Bolivar Godinho de. **Gestão de fundos de investimento o seu guia para gestão de carteiras**. São Paulo: Saint Paul 2019, p.56-57.

[70] OLIVEIRA FILHO, Bolivar Godinho de. **Gestão de fundos de investimento o seu guia para gestão de carteiras**. São Paulo: Saint Paul 2019, p.57.

[71] DUFLOTH, Rodrigo. **A proteção do investidor em fundos de investimento**. Rio de Janeiro: Lumen Juris, 2017. p. 41.

> do FII não equivale à propriedade dos imóveis nos quais o FII investe. Por outro lado, em tese o cotista também não responde pessoalmente por qualquer obrigação legal ou contratual do administrador ou relativa aos imóveis integrantes do fundo.

No que se refere à administração dos Fundos de Investimento imobiliários, nos termos da Instrução CVM nº 472/2008 ela não poderá ser exercida por nenhum quotistas, sendo de exclusividade de bancos comerciais, bancos múltiplos, bancos de investimento, corretoras de valores mobiliários, sociedades de crédito imobiliário ou hipoteca. A esse respeito, Bolivar Godinho de Oliveira Filho[72]:

> A assembleia geral dos cotistas pode eleger um ou mais representantes para exercer as funções de fiscalização dos empreendimentos ou investimentos do fundo, em defesa dos direitos e interesses dos cotistas. O representante deverá ser cotista, não exercer nenhuma função no fundo imobiliário e não ser administrador, gestor ou consultor de outro fundo imobiliário. A eleição dos representantes de cotistas pode ser aprovada pela maioria dos cotistas presentes e que representem, no mínimo: 3% do total de cotas emitidas, quando o fundo tiver mais de 100 cotistas ou 5% do total de cotas emitidas, quando o fundo tiver até 100 cotistas (Instrução CVM n. 472).
>
> A administração do fundo é exclusiva de bancos comerciais, bancos múltiplos com carteira de investimento ou com carteira de crédito imobiliário, bancos de investimento, sociedades corretoras ou sociedades distribuidoras de valores mobiliários, sociedades de crédito imobiliário, caixas econômicas ou companhias hipotecárias. A empresa administradora deverá indicar um diretor estatutário com responsabilidade direta pela supervisão do fundo (Instrução CVM n. 472).

Delimitado as pessoas jurídicas que podem ser administradoras dos FII, importante qual o papel que o administrador desempenha no fundo. Nos termos do artigo 14 da Lei nº 8.668/1993, compete ao administrador do fundo representá-lo judicialmente e extrajudicialmente, bem

[72] OLIVEIRA FILHO, Bolivar Godinho de. **Gestão de fundos de investimento o seu guia para gestão de carteiras.** São Paulo: Saint Paul 2019, p.57.

como responder pela evicção de direito nas hipóteses de alienação de imóvel pelo fundo.

Além disso, nos termos do artigo 27 da Instrução CVM nº 472/2008, ao administrador cabe a realização das atividades para a manutenção do próprio fundo, podendo ser realizadas pelo próprio administrador ou através da contratação de terceiros.

Sobre a atividade do administrador dos Fundos de Investimento Imobiliários, Luciana Dias e Maria Clara Trancoso ensinam[73]:

> Dentre as funções essenciais do administrador, o legislador elencou a aquisição dos bens e direitos integrantes do fundo, a elaboração de seu regulamento e a sua representação, tanto ativa quanto passiva. Além disso, regulou o caráter fiduciário dos direitos exercidos pelo administrador em relação aos bens integrantes do fundo e, ainda, lhe impôs uma série de vedações voltadas à preservação do patrimônio dos cotistas, ao exercício diligente de suas atividades e à concentração dos investimentos do fundo em empreendimentos imobiliários no âmbito nacional.

No que tange a remuneração do administrador, essa deve estar expressamente prevista no regulamento dos Fundos de Investimento Imobiliários. Nesse diapasão Bolivar Godinho de Oliveira Filho[74]:

> A remuneração pelos serviços prestados pelo administrador constará expressamente no regulamento do fundo e poderá incluir uma parcela variável (taxa de desempenho ou performance), calculada em função do desempenho do fundo ou de indicador relevante para o mercado imobiliário, que com o fundo possa ser razoavelmente comparado (Instrução CVM n. 472).
>
> A cobrança da taxa de performance deve atender aos critérios estabelecidos nas regras gerais sobre fundos de investimento, no que não contrariar as disposições da Instrução CVM n. 472. O regulamento deve ter um critério para cobrança de taxa de performance, que pode correspon-

[73] Dias, Luciana. Trancoso, Maria Clara. Panorama dos Fundos de Investimento Imobiliário no Brasil (Fonte: Hanszmann, Felipe. Atualidades em direito societário e mercado de capitais. Rio de Janeiro: Lumen Juris, 2016. p.237-271.) p.252

[74] Oliveira Filho, Bolivar Godinho de. **Gestão de fundos de investimento o seu guia para gestão de carteiras**. São Paulo: Saint Paul 2019, p.58.

der a um percentual sobre: o valor de mercado do fundo, valor contábil do patrimônio líquido do fundo, rendimento distribuído pelo fundo ou receita total do fundo (Instrução CVM n. 472).
Estes fundos permitem o investimento no mercado imobiliário para obtenção, renda e ganho de capital de forma diversificada e com administração profissional.

Vistas e analisadas as principais características dos Fundos de Investimento Imobiliários, de suma importância a análise da tributação nesse tipo de estrutura societária.

6.4. Tributação dos fundos de investimentos imobiliários

Conforme mencionado anteriormente e demonstrado no tópico sobre a tributação geral dos fundos de investimento, todos os fundos de investimento estão sujeitos à incidência tributária, inclusive os fundos de investimento imobiliários.

Ocorre que, os fundos de investimento não são tributados da mesma maneira, tão pouco são tributados de forma similar às pessoas físicas. Nesse diapasão Bolivar Godinho de Oliveira Filho[75]:

> A vantagem para o investidor pessoa física é não incidir imposto de renda sobre os rendimentos distribuídos. O imposto de renda incide apenas sobre o ganho de capital na alienação de cotas. Para que haja o benefício da não tributação dos rendimentos distribuídos, o fundo deverá ter suas cotas negociadas em bolsa de valores ou mercado de balcão organizado e ter, no mínimo, 50 cotistas.

Pois bem, como mencionado anteriormente, os fundos de investimento não possuem personalidade jurídica própria (embora esteja inscritos no Cadastro Nacional de Pessoas Jurídicas — CNPJ), de formar que não estão sujeitos às obrigações jurídico-tributários. Nesse sentido Henrique Longo, Luiz Kignel e Márcia Setti Phebo[76]:

[75] Oliveira Filho, Bolivar Godinho de. **Gestão de fundos de investimento o seu guia para gestão de carteiras**. São Paulo: Saint Paul 2019, p.58.

[76] Kignel, Luiz; Phebo, Márcia Setti; Longo, José Henrique. **Planejamento Sucessório**. São Paulo:Noeses, 2014. p. 71.

Os fundos não têm personalidade jurídica e, portanto, não são sujeitos passivos de tributos ou de qualquer outra obrigação. Portanto, somente o cotista é tributado, ainda que mediante retenção na fonte pelo administrador do fundo, e, ainda assim, a tributação nos fundos fechados (como é o caso dos FIP) e nos de renda variável acontece apenas quando há o resgate de cotas.

Passaremos à análise da tributação dos fundos de investimento imobiliários. Importante ressaltar que são cinco os principais momentos em que ocorrem a tributação, quais sejam: (i) a integralização do capital; (ii) a aquisição dos imóveis; (iii) a detenção dos imóveis pelo fundo; (iv) a alienação ou resgate das quotas; e (v) a sucessão.

Em primeiro lugar, importante analisar a integralização de capital a criação do fundo de investimento imobiliário. Sobre a integralização do capital Roberto Salles, Juliana Fonseca e Emmanuel Garcia Abrantes dispõem[77]:

> A integralização das cotas do fundo imobiliário deverá ser feita em moeda corrente nacional, no ato da subscrição ou em prazo determinado. Poderá ainda a integralização das cotas ser feita em bens imóveis, bem como em direitos sobre bens imóveis, mediante a elaboração de laudo de avaliação e pelo valor de mercado do imóvel, sendo o laudo de avaliação dispensado em fundos destinados a investidores qualificados, adotando-se a definição de investidores qualificados nos termos da Instrução CVM nº 409/04. Por fim, a integralização poderá ser feita em títulos e valores mobiliários, caso o fundo seja destinado exclusivamente a investidores qualificados.

No que se refere a integralização de bens (móveis ou imóveis), o valor a ser considerado é o valor indicado pelo próprio sócio. Nos termos do artigo 142 do regulamento do Imposto de Renda, o valor do bem pode ser aquele declarado na Declaração do Imposto de Renda da Pessoa Física (valor de aquisição) ou o valor de mercado do bem.

[77] SALLES, Roberto; FONSECA, Juliana; ABRANTES, Emmanuel Garcia. **Aspecto práticos e regulamentares da tributação de fundos de investimento**. In: FREITAS, Bernardo Vianna; VERSIANI, Fernanda Valle. Fundos de Investimento: aspectos jurídicos, regulamentares e tributários. São Paulo: Quartier Latin, 2015. p. 268-269.

No entanto, Receita Federal do Brasil através do Ato Declaratório Interpretativo nº 7/2007 aduz que os imóveis devem ser integralizados pelo seu valor de mercado. A respeito do referido Ato Declaratório Interpretativo José Henrique Longo, Luiz Kignel e Márcia Setti Phebo[78] dispõem:

> Não se pode esquecer, todavia, do Ato Declaratório Interpretativo n. 7/2007 da Receita Federal do Brasil, que manifestou o entendimento do fisco no sentido de que a conferência de participação societária (ou quaisquer outros títulos ou valores mobiliários) ao fundo deve ser feita por valor de mercado, o que implica a apuração de ganho de capital e eventual recolhimento de IRPF. Independentemente da falta de base legal, é prática no mercado a exigência, pelos administradores de fundos, de que o cotista/conferente apresente a demonstração do valor de mercado dos bens a serem conferidos e que a operação de conferência seja efetuada por tal valor. Essa preocupação não atinge a integralização de fundo de investimento com dinheiro, mas apenas nos casos de outros ativos passíveis de avaliação.

Note-se que, a pessoa física ao integralizar seus bens móveis ou imóveis a valor de marcado, ela terá de recolher imposto de renda sobre o ganho de capital eventualmente apurado. Trata-se de disposição expressa no RIR/2018, em seu artigo 142:

> Artigo 142. As pessoas físicas poderão transferir a pessoas jurídicas, a título de integralização de capital, bens e direitos, pelo valor constante da declaração de bens ou pelo valor de mercado.
>
> § 1º Se a transferência for feita pelo valor constante da declaração de bens, as pessoas físicas deverão lançar nessa declaração as ações ou as quotas subscritas pelo mesmo valor dos bens ou dos direitos transferidos, hipótese em que não presumida a distribuição disfarçada de que trata o artigo 528.
>
> § 2º Se a transferência não se fizer pelo valor constante da declaração de bens, a diferença a maior será tributável como ganho de capital.

[78] Kignel, Luiz; Phebo, Márcia Setti; Longo, José Henrique. **Planejamento Sucessório**. São Paulo:Noeses, 2014. p. 71.

O ganho de capital consiste na diferença positiva entre o valor de mercado dos títulos ou valores mobiliários alienados, na data da integralização das cotas, e o respectivo custo de aquisição.

Ainda no que se refere a integralização de capital, através de bens imóveis importante mencionar que não haverá a incidência de ITBI, desde que o fundo não exerça, de forma preponderante, a atividade imobiliária. Essa imunidade está prevista no artigo 156, parágrafo 2º, inciso I, da Constituição Federal:

> Artigo 156. Compete aos Municípios instituir impostos sobre: [...]
> II — transmissão "inter vivos", a qualquer título, por ato oneroso, de bens imóveis, por natureza ou acessão física, e de direitos reais sobre imóveis, exceto os de garantia, bem como cessão de direitos a sua aquisição; [...]
> § 2º O imposto previsto no inciso II:
> I — não incide sobre a transmissão de bens ou direitos incorporados ao patrimônio de pessoa jurídica em realização de capital, nem sobre a transmissão de bens ou direitos decorrente de fusão, incorporação, cisão ou extinção de pessoa jurídica, salvo se, nesses casos, a atividade preponderante do adquirente for a compra e venda desses bens ou direitos, locação de bens imóveis ou arrendamento mercantil; (...)

Destaca-se que cabe a legislação de cada Município definir o que será considerado atividade preponderantemente imobiliária. A título exemplificativo no Município de São Paulo, no Decreto nº 55.196/2014, entende-se que a sociedade exerce atividade preponderantemente imobiliária quando sua a receita operacional, nos dois anos anteriores e nos dois anos posteriores a integralização dos bens imóveis, for superior à 50% do valor total da receita.

> Art. 4º Não se aplica o disposto nos incisos III a V do artigo 3º deste regulamento quando o adquirente tiver como atividade preponderante a compra e venda desses bens ou direitos, a sua locação ou arrendamento mercantil.
> § 1º Considera-se caracterizada a atividade preponderante quando mais de 50% (cinquenta por cento) da receita operacional do adquirente, nos 2 (dois) anos anteriores e nos 2 (dois) anos subsequentes à aquisição, decorrer de transações mencionadas no "caput" deste artigo.

> § 2º Se o adquirente iniciar suas atividades após a aquisição, ou menos de 2 (dois) anos antes dela, apurar-se-á a preponderância referida no § 1º deste artigo levando em consideração os 3 (três) primeiros anos seguintes à data da aquisição.
> § 3º Fica prejudicada a análise da atividade preponderante, incidindo o Imposto, quando a pessoa jurídica adquirente dos bens ou direitos tiver existência em período inferior ao previsto nos §§ 1º e 2º deste artigo.

Diante dessa previsão legal, os fundos de investimento imobiliários, para afastar a incidência do ITBI podem iniciar o exercício de suas atividades, qual seja a aplicação de recursos em empreendimentos imobiliários passados dois anos da integralização do imóvel na sociedade.

Caso o fundo de investimento imobiliário desde a integralização do imóvel exerça a sua atividade preponderante e, portanto, esteja obrigado ao recolhimento do ITBI, a título exemplificativo, o Munício de São Paulo possuí uma alíquota de 2%, a teor do disposto no artigo 12 do Decreto nº 55.196/2014, veja:

> Art. 12. O Imposto será calculado:
> I — nas transmissões compreendidas no Sistema Financeiro de Habitação — SFH, no Programa de Arrendamento Residencial — PAR e de Habitação de Interesse Social — HIS, aplicando-se a alíquota de:
> a) 0,5% (meio por cento) sobre o valor efetivamente financiado, até o limite de R$ 68.843,97 (sessenta e oito mil oitocentos e quarenta e três reais e noventa e sete centavos);
> b) 2% (dois por cento) sobre o valor restante;
> II — nas demais transmissões, pela alíquota de 2% (dois por cento).
> Parágrafo único. Na hipótese prevista no inciso I do "caput" deste artigo, quando o valor da transação for superior a R$ 68.843,97 (sessenta e oito mil oitocentos e quarenta e três reais e noventa e sete centavos), o valor do Imposto será determinado pela soma das parcelas estabelecidas nas alíneas "a" e "b" do referido inciso.

Vista a tributação incidente sobre a integralização de capital, passemos agora para a análise da tributação incidente sobre os imóveis de propriedade dos fundos de investimentos imobiliários.

Em primeiro lugar, importante ressaltar que nos termos do artigo 10 da Lei nº 8.668/1993, os fundos de investimento imobiliários devem distribuir pelo menos 95% dos lucros auferidos, com base em balanço ou balancete semestral, encerrado em 30 de junho e 31 de dezembro de cada ano.

> Art. 10. Cada Fundo de Investimento Imobiliário será estruturado através de regulamento elaborado pela instituição administradora, contendo:
> I — qualificação da instituição administradora;
> II — política de investimento que estabeleça, com precisão e clareza, as definições quanto aos ativos que comporão o patrimônio do fundo para atender seus objetivos;
> III — taxa de ingresso ou critério para sua fixação;
> IV — remuneração da administradora;
> V — divulgação de informações aos quotistas, nos prazos fixados pela Comissão de Valores Mobiliários;
> VI — despesas e encargos do Fundo;
> VII — competência e quorum de deliberação da Assembléia Geral de Quotistas;
> VIII — critérios para subscrição de quotas por um mesmo investidor;
> IX — prazo de duração do fundo e as condições de resgate para efeito de liquidação do mesmo;
> X — outras especificações, visando à fiscalização do mercado e à clareza de informações, na forma de regulamentação baixada pela Comissão de Valores Mobiliários.
> XI — critérios relativos à distribuição de rendimentos e ganhos de capital.
> Parágrafo único. O fundo deverá distribuir a seus quotistas, no mínimo, noventa e cinco por cento dos lucros auferidos, apurados segundo o regime de caixa, com base em balanço ou balancete semestral encerrado em 30 de junho e 31 de dezembro de cada ano.

Sobre a tributação relacionada aos fundos de investimento imobiliários, Henrique Longo, Luiz Kignel e Márcia Setti Phebo[79] dispõem:

> Os FII (que são fechados) são obrigados a distribuir a seus cotistas, no mínimo, 95% dos resultados auferidos, apurados segundo o regime de caixa, com base em balanço ou balancete semestral encerrado em 30 de

[79] KIGNEL, Luiz; PHEBO, Márcia Setti; LONGO, José Henrique. **Planejamento Sucessório.** São Paulo:Noeses, 2014. p. 238-237.

> junho e 31 de dezembro de cada ano, e tais distribuições sujeitam-se à incidência do IRF à alíquota de 20%. Contudo, na situação em que se preencham condições previstas em lei, há isenção dos rendimentos distribuídos pelo FII à pessoa física (tanto de IRF, quanto na declaração de ajuste anual). As condições são: as cotas do FII devem ser negociadas exclusivamente em bolsa de valores ou em mercado de balcão organizado; o FII deve possuir, no mínimo, cinquenta cotistas e não aplicar recursos em empreendimento imobiliário que tenha como incorporador, construtor ou sócio, cotista que possua, isoladamente ou em conjunto com pessoa a ele ligada, mais de 25% das cotas do FII. Há ainda uma condição dirigida especificamente a cada cotista para gozo da isenção, que é a de que não seja titular de cotas que representem 10% ou mais da totalidade das cotas emitidas pelo FII nem tenha direito ao recebimento de rendimento superior a 10% do total dos rendimentos auferidos pelo fundo.

Como regra geral, os fundos de investimentos imobiliários são isentos de imposto de imposto de renda sobre os ganhos por ele auferidos. Veja o que dispõe a Lei nº 8.668/1993.

> Art. 16. Os rendimentos e ganhos de capital auferidos pelos Fundos de Investimento Imobiliário ficam isentos do Imposto sobre Operações de Crédito, Câmbio e Seguro, assim como do Imposto sobre a Renda e Proventos de Qualquer Natureza.

Ainda como regra geral, tem-se que os rendimentos e ganhos de capitais distribuídos pelos fundos de investimento imobiliários, e apurados segundo o regime de caixa, sofrerão incidência do imposto de renda na fonte a alíquota de 20% devendo o imposto ser recolhido até o último dia do mês subsequente ao do encerramento do período de apuração nos termos do artigo 17 da Lei nº 8.668/1993 e nos termos do artigo 827 do RIR/2018.

> Art. 17. Os rendimentos e ganhos de capital auferidos, apurados segundo o regime de caixa, quando distribuídos pelos Fundos de Investimento Imobiliário a qualquer beneficiário, inclusive pessoa jurídica isenta, sujeitam-se à incidência do imposto de renda na fonte, à alíquota de vinte por cento.

> Art. 827. Os rendimentos e os ganhos de capital auferidos, apurados de acordo com o regime de caixa, quando distribuídos pelos fundos de que trata este Capítulo, a qualquer beneficiário, inclusive pessoa jurídica isenta, ficam sujeitos à incidência do imposto sobre a renda na fonte, à alíquota de vinte por cento.
>
> § 1º O imposto sobre a renda de que trata este artigo deverá ser recolhido até o último dia útil do mês subsequente ao encerramento do período de apuração.
>
> § 2º Os lucros acumulados até 31 de dezembro de 1998 pelos fundos de investimentos imobiliários constituídos até 29 de dezembro de 1998 que forem distribuídos após 31 de janeiro de 1999 ficam sujeitos à incidência do imposto sobre a renda na fonte, à alíquota de vinte e cinco por cento.
>
> § 3º O imposto sobre a renda de que trata este artigo será considerado:
>
> I — antecipação do imposto sobre a renda devido na declaração, na hipótese de beneficiário pessoa jurídica tributada com base no lucro real, presumido ou arbitrado; e
>
> II — tributação exclusiva, nas demais hipóteses.

Importante mencionar ainda que o Imposto de Renda Retido na Fonte dos quotistas pessoa física são considerados como tributação exclusiva nos termos do artigo 18 da Lei nº 8.668/1993. Nesse diapasão Rodrigo de Freitas e Camila Caçador Xavier[80]:

> O imposto retido na fonte pelo FII será considerado: (i) antecipação do devido na declaração das pessoas jurídicas tributadas com base no lucro real, presumido ou arbitrado (ou seja, os rendimentos deverão ser submetidos à tributação pela pessoa jurídica pelo IRPJ e pela CSLL, tomando-se como crédito o valor retido na fonte); e (ii) tributação exclusiva, nos demais casos (a tributação na fonte é definitiva e o rendimento não está sujeito à nova tributação pelo beneficiário).

Importante mencionar ainda, que os rendimentos dos fundos de investimentos imobiliários em aplicações financeiras estão sujeitos à

[80] FREITAS, Rodrigo de; XAVIER, Camila Caçador. **Tributação dos fundos de investimento imobiliário (FII): aspectos atuais e polêmicos**. In: CASTRO, Leonardo Freitas de Moraes e. Mercado financeiro e de capitais: regulação e tributação. São Paulo: Quartier Latin, 2015. p. 1.180.

incidência do Imposto de Renda Retido na Fonte na mesma forma que as pessoas jurídicas. Veja-se o que dispõe a Lei nº 8.668/1993:

> Art. 16-A. Os rendimentos e ganhos líquidos auferidos pelos Fundos de Investimento Imobiliário, em aplicações financeiras de renda fixa ou de renda variável, sujeitam-se à incidência do imposto de renda na fonte, observadas as mesmas normas aplicáveis às pessoas jurídicas submetidas a esta forma de tributação.
> § 1º Não estão sujeitas à incidência do imposto de renda na fonte prevista no caput as aplicações efetuadas pelos Fundos de Investimento Imobiliário nos ativos de que tratam os incisos II e III do art. 3º da Lei no 11.033, de 21 de dezembro de 2004.
> § 2º O imposto de que trata o caput poderá ser compensado com o retido na fonte pelo Fundo de Investimento Imobiliário, por ocasião da distribuição de rendimentos e ganhos de capital.
> § 3º A compensação de que trata o § 2o será efetuada proporcionalmente à participação do cotista pessoa jurídica ou pessoa física não sujeita à isenção prevista no inciso III do art. 3o da Lei no 11.033, de 21 de dezembro de 2004.
> § 4º A parcela do imposto não compensada relativa à pessoa física sujeita à isenção nos termos do inciso III do art. 3o da Lei no 11.033, de 21 de dezembro de 2004, será considerada exclusiva de fonte.

Na forma do disposto no artigo 16-A da Lei nº 8.668/1993 poderá ser compensado com o imposto retido na fonte, por ocasião da distribuição de rendimentos. A compensação deverá ser realizada proporcionalmente à participação dos quotistas que não esteja sujeito à isenção prevista pelo inciso III do artigo 3º da Lei nº 11.033/2004.

Importa mencionar ainda que como regra geral, os rendimentos auferidos pelos fundos de investimento imobiliários são isentos também do Imposto sobre Operações de Crédito, Câmbio e Seguro — IOF, nos termos do artigo 16 da Lei nº 8.668/1993.

Por outro lado, nas hipóteses em que o fundo de investimento imobiliário aplicar seus recursos em empreendimento imobiliário que tenham como incorporador, construtor ou sócio, cotista que possua, mais de 25% das cotas do fundo estará sujeito à sistemática de tributação das pessoas jurídicas, nos termos do artigo 831 do RIR/2018:

> Art. 831. Fica sujeito à tributação aplicável às pessoas jurídicas o fundo de investimento imobiliário que aplicar recursos em empreendimento imobiliário que tenha como incorporador, construtor ou sócio, cotista que possua, isoladamente ou em conjunto com pessoa a ele ligada, mais de vinte e cinco por cento das quotas do fundo.
>
> Parágrafo único. Para fins do disposto no caput, considera-se pessoa ligada ao cotista:
>
> I — pessoa física:
>
> a) os seus parentes até o segundo grau; e
>
> b) a empresa sob o seu controle ou de quaisquer de seus parentes até o segundo grau; e
>
> II — pessoa jurídica, a pessoa que seja controladora, controlada ou coligada, conforme definido nos § 1º e § 2º do art. 243 da Lei nº 6.404, de 1976.

Ainda nos termos do artigo 831 do RIR/18, considera-se ligada (i) ao cotista pessoa física, seus parentes até segundo grau e empresa sob seu controle ou de qualquer de seus parentes até segundo grau; e (ii) ao cotista pessoa jurídica, a pessoa que seja sua controladora, controlada ou coligada.

A esse respeito Ricardo Lacaz Martins[81] aduz que:

> Há uma ficção legal efetuada pelo legislador ao considerar os Fundos, para efeito tributário, sujeitos à mesma tributação das empresas, com o objetivo de dispensar tratamento equivalente ao contribuinte que, mesmo sob outra forma, pratique a atividade similar à desenvolvida pelas empresas.

Nesse diapasão, Ricardo Lacaz Martins[82] ainda dispõe:

> Conta com incorporador, construtor ou sócio, ou pessoa a ele ligada, com mais de 25% deverá sujeitar suas operações ao recolhimento dos impostos devidos pelas pessoas jurídicas imobiliárias, em especial IR, CSL, PIS e COFINS.

[81] Martins, Ricardo Lacaz. **Tributação da renda imobiliária**. São Paulo: Quartier Latin, 2011. p. 264.

[82] Martins, Ricardo Lacaz. **Tributação da renda imobiliária**. São Paulo: Quartier Latin, 2011. p. 264.

No mesmo sentido Rodrigo de Freitas e Camila Caçador Xavier[83] dispõem:

> Assim sendo, a regra de desenquadramento do regime geral e a consequente equiparação do FII, para fins tributários, a pessoa jurídica pressupõem que o quotista do fundo de investimento esteja enquadrado cumulativamente em duas qualificações distintas: (i) deter mais de 25% das quotas do fundo (quantitativa); e (ii) ser incorporador, construtor ou sócio do empreendimento em que o fundo aplique seus recursos.

Importante mencionar que, quando se fala em equiparação à pessoa jurídica, a legislação é omissão no que diz respeito ao tempo de duração da equiparação. Sobre a referida omissão Ricardo Lacaz Martins[84] aduz:

> A legislação não é clara quanto à duração da equiparação, se definitiva ou transitória, diferentemente do que ocorre na equiparação da pessoa física incorporadora ou loteadora à pessoa jurídica (vide item 9.2.2. A equiparação hoje e sua natureza). Naquela normatização, a despeito das críticas quanto à sua extensão, há clara determinação da condição de início e término da equiparação. O mesmo não ocorre com a equiparação dos FIIs às pessoas jurídicas, o que leva a duas possibilidades de solução da questão: a) a equiparação é definitiva; ou b) a equiparação deve ocorrer somente no período em que se verificar o evento que deu ensejo à equiparação. Parece ser a segunda solução a mais adequada ao sistema. Se a tributação dos FIIs é semestral e o imposto incide sobre os rendimentos distribuídos aos quotistas em 30 de junho e 31 de dezembro de cada ano, deve-se verificar no momento da distribuição se o Fundo se encontra sujeito às regras de retenção na fonte ou se deve ser equiparado à pessoa jurídica. Esta interpretação atende ao princípio da isonomia que acaba por justificar a equiparação da tributação, pois somente no período em que o FII é caracterizado como pessoa jurídica imobiliária é que sofrerá a tributação como tal.

[83] FREITAS, Rodrigo de; XAVIER, Camila Caçador. **Tributação dos fundos de investimento imobiliário (FII): aspectos atuais e polêmicos**. In: CASTRO, Leonardo Freitas de Moraes e. Mercado financeiro e de capitais: regulação e tributação. São Paulo: Quartier Latin, 2015. p. 1.182.

[84] MARTINS, Ricardo Lacaz. **Tributação da renda imobiliária**. São Paulo: Quartier Latin, 2011. p. 264.

Outro ponto sobre o qual a legislação tributária é omissa é o alcance da expressão "sócio" do empreendimento imobiliário. A esse respeito, importa ainda mencionar que há divergência de entendimento quanto a disposto no artigo 2º da Lei nº 9.779/1999, sobre a qualificação do cotista como "sócio" do empreendimento imobiliário. Nesse diapasão Ricardo Lacaz Martins[85]:

> No entanto, o legislador foi mais além e incluiu no rol do art. 752, elemento que potencialmente poderá gerar a equiparação, os sócios do empreendimento imobiliário objeto do desenvolvimento do FII. Não há uma definição legal da figura de sócio de um empreendimento imobiliário; quis o legislador atingir aquelas pessoas que de alguma forma participem do empreendimento e que não se enquadrem como incorporador ou construtor, mas que possuam interesse econômico no negócio imobiliário destinatário dos recursos do FII.
> Merece crítica a referida disposição por ausência de clareza na definição do tipo legal que ensejaria a equiparação; a segurança jurídica necessária na relação entre o fisco e os contribuintes foi assim afetada.

Ainda sobre o conceito e o alcance do termo "sócio", Rodrigo de Freitas e Camila Caçador Xavier[86] dispõem:

> Contudo, a referida legislação não traz o conceito de sócio do empreendimento imobiliário. Apesar da falta de conceito legal, pode-se ao menos estabelecer as seguintes considerações: ser sócio pressupõe ser participante de algum negócio jurídico associativo que se caracterize como um empreendimento imobiliário.(...)
> Ademais, considerando-se ainda uma interpretação extensiva do dispositivo para os "empreendimentos imobiliários" passíveis de serem destinatários de investimentos do FII, o único investimento que se configura como uma sociedade é o previsto no inciso III do artigo 45 da Instrução

[85] Martins, Ricardo Lacaz. **Tributação da renda imobiliária**. São Paulo: Quartier Latin, 2011. p. 265.

[86] Freitas, Rodrigo de; Xavier, Camila Caçador. **Tributação dos fundos de investimento imobiliário (FII): aspectos atuais e polêmicos**. In: Castro, Leonardo Freitas de Moraes e. Mercado financeiro e de capitais: regulação e tributação. São Paulo: Quartier Latin, 2015. p. 1.182- 1.183.

> CVM nº472/08: ações ou quotas de sociedades cujo único propósito se enquadre entre as atividades permitidas aos FII.
> Com efeito, em uma interpretação extensiva do dispositivo, pode-se considerar também como sócio do empreendimento imobiliário de que trata o artigo 2º da Lei nº 9.779/99, o acionista/quotista de sociedade que também possua como acionista/quotista o respectivo FII.

Parte da doutrina entende que não se tratando do cotista incorporador, construtor ou sócio do empreendimento imobiliário investido, não há que se falar em equiparação tributária à pessoas jurídica. A esse respeito Rodrigo de Freitas[87] dispõe:

> Por fim, ressalte-se que a legislação não trouxe qualquer restrição ao percentual de participação de quotistas que não sejam incorporador, construtor ou sócio do empreendimento imobiliário investido. Com efeito, é possível que um único quotista seja detentor de 100% das quotas do FII, sem que haja qualquer tratamento tributário diferenciado a este investidor (estará sujeito à regra geral já analisada).

Mais uma vez, veja-se os ensinamento de Ricardo Lacaz Martins[88]:

> É de se ressaltar que a restrição imposta não atinge aqueles fundos que possuem um ou mais quotistas com participação superior a 25%, desde que estes não participem, como incorporadores, construtores ou sócios do empreendimento imobiliário objeto do investimento do FII. Tal situação gera um tratamento privilegiado para estes veículos se comparado com a tributação incidente nas pessoas jurídicas, enquanto nesses veículos os lucros são tributados a alíquota de 20% (...), para as pessoas jurídicas o resultado é onerado em 34%, sendo ainda a receita auferida objeto da tributação pelo PIS e pela COFINS.

[87] FREITAS, Rodrigo de. **Natureza jurídica dos fundos de investimento imobiliário e regime de tributação**. In: MOSQUERA, Roberto Quiroga. O direito tributário e o mercado financeiro e de capitais. São Paulo: Dialética, 2009. p. 462-463.

[88] MARTINS, Ricardo Lacaz. **Tributação da renda imobiliária**. São Paulo: Quartier Latin, 2011. p. 266.

A discussão acima mencionada merece atenção, visto que embora existam inúmeros argumentos demonstrado que a tributação dos fundos de investimento imobiliários relativamente à extinção do termo sócio não se enquadrariam na hipótese do artigo 2º da Lei nº 9.779/1999 pode haver questionamento do Fisco a esse respeito.

Pois bem, ainda sobre a tributação dos fundos de investimento imobiliários, vejamos agora a isenção tributária oferecida a esse tipo de investimento, o que torna o fundo um investimento atraente para as pessoas físicas.

Nesse sentido, para Bolivar Godinho de Oliveira Filho[89], a principal vantagem em não se investir em imóveis pela pessoa física é a não incidência de imposto de renda por ocasião da alienação dos imóveis na pessoa jurídica, veja:

> A vantagem para o investidor pessoa física é não incidir imposto de renda sobre os rendimentos distribuídos. O imposto de renda incide apenas sobre o ganho de capital na alienação de cotas. Para que haja o benefício da não tributação dos rendimentos distribuídos, o fundo deverá ter suas cotas negociadas em bolsa de valores ou mercado de balcão organizado e ter, no mínimo, 50 cotistas.

Nos termos do artigo 3º da Lei nº 11.033/2004 os quotistas dos fundos de investimento imobiliários ficam isentos do imposto de renda na distribuição dos rendimentos auferidos. Veja o que dispõe a lei:

> É Art. 3º Ficam isentos do imposto de renda:
>
> I — os ganhos líquidos auferidos por pessoa física em operações no mercado à vista de ações nas bolsas de valores e em operações com ouro ativo financeiro cujo valor das alienações, realizadas em cada mês, seja igual ou inferior a R$ 20.000,00 (vinte mil reais), para o conjunto de ações e para o ouro ativo financeiro respectivamente;
>
> II — na fonte e na declaração de ajuste anual das pessoas físicas, a remuneração produzida por letras hipotecárias, certificados de recebíveis imobiliários e letras de crédito imobiliário.

[89] Oliveira Filho, Bolivar Godinho de. **Gestão de fundos de investimento o seu guia para gestão de carteiras**. São Paulo: Saint Paul 2019, p. 58.

> III — na fonte e na declaração de ajuste anual das pessoas físicas, os rendimentos distribuídos pelos Fundos de Investimento Imobiliários cujas quotas sejam admitidas à negociação exclusivamente em bolsas de valores ou no mercado de balcão organizado.
> IV — na fonte e na declaração de ajuste anual das pessoas físicas, a remuneração produzida por Certificado de Depósito Agropecuário — CDA, Warrant Agropecuário — WA, Certificado de Direitos Creditórios do Agronegócio — CDCA, Letra de Crédito do Agronegócio — LCA e Certificado de Recebíveis do Agronegócio — CRA, instituídos pelos arts. 1º e 23 da Lei nº 11.076, de 30 de dezembro de 2004 ;
> V — na fonte e na declaração de ajuste anual das pessoas físicas, a remuneração produzida pela Cédula de Produto Rural — CPR, com liquidação financeira, instituída pela Lei nº 8.929, de 22 de agosto de 1994, alterada pela Lei nº 10.200, de 14 de fevereiro de 2001, desde que negociada no mercado financeiro.
> Parágrafo único. O benefício disposto no inciso III do caput deste artigo:
> I — será concedido somente nos casos em que o Fundo de Investimento Imobiliário possua, no mínimo, 50 (cinqüenta) quotistas;
> II — não será concedido ao quotista pessoa física titular de quotas que representem 10% (dez por cento) ou mais da totalidade das quotas emitidas pelo Fundo de Investimento Imobiliário ou cujas quotas lhe derem direito ao recebimento de rendimento superior a 10% (dez por cento) do total de rendimentos auferidos pelo fundo.

Ainda nos termo do artigo 3º da Lei nº 11.033/2004, a isenção só será concedida para os fundos de investimentos imobiliários que possuírem, no mínimo, 50 (cinquenta) cotistas. Além disso, a isenção também não será concedida ao cotista pessoa física que seja titular de cotas que representem 10% ou mais da totalidade daquelas emitidas pelo FII ou cujas cotas lhe derem direito ao recebimento superior a 10% do total de rendimentos auferidos pelo fundo.

Neste diapasão Roberto Salles, Juliana Fonseca e Emmanuel Garcia Abrantes[90] aduzem que:

[90] Salles, Roberto; Fonseca, Juliana; Abrantes, Emmanuel Garcia. Aspecto práticos e regulamentares da tributação de fundos de investimento. In: Freitas, Bernardo Vianna; Versiani, Fernanda Valle. Fundos de Investimento: aspectos jurídicos, regulamentares e tributários. São Paulo: Quartier Latin, 2015. p. 358.

> Em exceção à regra acima, os rendimentos distribuídos, cujas cotas sejam admitidas à negociação exclusivamente em bolsas de valores ou no mercado de balcão organizado são isentos na fonte e na declaração de ajuste anual do investidor pessoa física nos casos em que o FII possua, no mínimo, 50 cotistas. Todavia, não estarão isentos os rendimentos distribuídos a cotista pessoa física titular de cotas que representem 10% ou mais da totalidade das cotas emitidas pelo FII ou cujas cotas lhe derem direito ao recebimento de rendimento superior a 10% do total de rendimentos auferidos pelo Fundo.

Importante mencionar ainda, que nos termos do artigo 16-A da Lei nº 8.668/1993 as aplicações cuja negociação é exclusivamente realizada em bolsas de valores ou no mercado de balcão organizado, bem como na remuneração produzida por letras hipotecárias, certificados de recebíveis imobiliários e letras de crédito imobiliário, não estão sujeita ao imposto de renda retido na fonte.

Passemos agora à análise da tributação incidente por ocasião da alienação ou resgate das quotas.

Nos termos do artigo 829 do RIR/2018, por ocasião da alienação ou resgate das quotas dos fundos de investimento imobiliários haverá a incidência do imposto de renda sobre o ganho de capital à alíquota de 20%, veja:

> Art. 829. Os ganhos de capital e os rendimentos auferidos na alienação ou no resgate de quotas dos fundos de investimento imobiliário, por qualquer beneficiário, inclusive por pessoa jurídica isenta, sujeitam-se à incidência do imposto sobre a renda à alíquota de vinte por cento:
>
> I — na fonte, na hipótese de resgate; e
>
> II — de acordo com as mesmas normas aplicáveis aos ganhos de capital ou aos ganhos líquidos auferidos em operações de renda variável, nas demais hipóteses.
>
> Parágrafo único. O imposto sobre a renda de que trata este artigo será considerado:
>
> I — antecipação do imposto sobre a renda devido na declaração, na hipótese de beneficiário pessoa jurídica tributada com base no lucro real, presumido ou arbitrado; e
>
> II — tributação exclusiva, nas demais hipóteses.

Importante mencionar que, nos termos do artigo acima colacionado, em se tratando de quotistas pessoas físicas, o imposto de renda retido na fonte será considerado como tributação exclusiva.

A respeito da tributação incidente sobre a alienação e/ou resgate das quotas dos fundos de investimento imobiliários por pessoas físicas, Roberto Salles, Juliana Fonseca e Emmanuel Garcia Abrantes[91] aduzem que:

> Os ganhos de capital e rendimentos auferidos na alienação ou no resgate das cotas do FII estarão sujeitos ao IRRF à alíquota de 20%. O imposto incidirá sobre os ganhos líquidos nas operações realizadas em bolsa de valores, de mercadorias, de futuros e assemelhadas, existentes no país, na hipótese de investidor for pessoa jurídica. [...]
> Caso a alienação seja realizada em bolsa, o investidor for pessoa física irá apurar o IRRF da mesma forma que o investidor pessoa jurídica. Contudo, para as operações realizadas fora de bolsa, o IRRF incidirá, também a 20%, mas nesta hipótese a base de cálculo será o ganho de capital apurado pela diferença entre o valor de alienação e o custo de aquisição das cotas. [...]
> No resgate, o IRRF incidirá, à alíquota de 20%, sobre o rendimento constituído pela diferença positiva entre o valor de resgate e o custo de aquisição das cotas. Cabe ressaltar que, por serem os FII fundos de investimento fechados, devem ser analisadas as restrições existentes no que se refere ao prazo de resgate das cotas.

Em suma, em se tratando de pessoas físicas, os quotistas terão o imposto de renda retido na fonte por ocasião do resgate e/ou alienação das quotas, sobre o valor do ganho de capital a uma alíquota de 20%.

Por fim, o último aspecto da tributação dos fundos de investimento imobiliários, é a tributação incidente sobre a sucessão, ou sobre a doação das quotas com reserva de usufruto. Note-se que essa possibilidade é de extrema relevância, visto que os herdeiros do usufrutuário não terão de passar por um longo processo de sucessão.

[91] SALLES, Roberto; FONSECA, Juliana; ABRANTES, Emmanuel Garcia. Aspecto práticos e regulamentares da tributação de fundos de investimento. In: FREITAS, Bernardo Vianna; VERSIANI, Fernanda Valle. Fundos de Investimento: aspectos jurídicos, regulamentares e tributários. São Paulo: Quartier Latin, 2015. p. 360.

A título exemplificativo, usaremos a legislação do Estado de São Paulo como referência. A teor do disposto no artigo 16 da Lei nº 10.705/2000, "o imposto é calculado aplicando-se a alíquota de 4% (quatro por cento) sobre o valor fixado para a base de cálculo".

Veja-se que a alíquota do ITCMD será a mesma para a doação de imóveis e para a doação de quotas, no entanto, as bases de cálculo não serão as mesmas. Na doação direta dos bens, a base de cálculo será o seu valor de mercado na data da doação do bem.

Por outro lado, embora a base de cálculo do imposto na doação de quotas também seja o valor do direito à época, a soma do valor nominal de cada quota será inferior será inferior ao valor do bem, visto que foi integralizado pelo custo de aquisição. Na prática, tem-se uma base de cálculo menor nas doações das quotas.

Outro ponto a se observar com relação ao ITCMD é o momento da incidência do imposto. Como regra geral, o ITCMD é devido no momento da doação, ou seja, nos casos dos bens imóveis ocorre com o registro do título de aquisição ou na lavratura da escritura e nos casos dos bens móveis e direitos o fato gerador ocorre com a tradição.

No entanto, o Regulamento do ITCMD do Estado de São Paulo (Decreto nº 46.655/2002), traz uma exceção à essa regra. Veja o que dispõe o artigo 31:

> Artigo 31 — O imposto será recolhido: (...)
> II — na doação: (...)
> c) nos momentos indicados no § 3º, se houver reserva do usufruto, do uso ou da habitação sobre o bem, em favor do doador; § 3º — Na hipótese prevista na alínea c do inciso II, o imposto será recolhido:
>
> 1 — antes da lavratura da escritura, sobre o valor da nua-propriedade;
>
> 2 — por ocasião da consolidação da propriedade plena, na pessoa do nu -proprietário, sobre o valor do usufruto, uso ou habitação;
>
> 3 — facultativamente, antes da lavratura da escritura, sobre o valor integral da propriedade.

A teor do artigo transcrito acima, o imposto sobre a doação das quotas, na hipótese em que houver a reserva de usufruto, será devido, na proporção de 2/3 (dois terços) no momento da tradição da quota, e na proporção de 1/3 (um terço) com a extinção da reserva de usufruto, devendo a base de cálculo ser apurada no momento do pagamento do imposto.

6.5. Fundos de Renda Fixa

Como mencionado anteriormente, nos termos do artigo 109 da Instrução CVM nº 555/2014 os fundos de renda fixa são aqueles que tem "*como principal fator de risco de sua carteira a variação da taxa de juros, de índice de preços, ou ambos*."

Embora um fundo seja classificado como um fundo de renda fixa, os recursos não precisam ser aplicados exclusivamente nessa modalidade de investimento. Nos termos do artigo 110 da Instrução CVM nº 555/2014, para que um fundo seja considerado de renda fixa, 80% de seu patrimônio líquido deve ser composto por ativos de renda fixa, os 20% restantes podem ser aplicados em qualquer outra modalidade de ativos.

Diversamente do que dispõe a Instrução CVM nº 555/2014, a Receita Federal do Brasil no artigo 18 da Instrução Normativa nº 1.585/2015, considera como fundo de renda fixa aquele que tenham no mínimo 75% de seu patrimônio líquido composto por ativos de renda fixa.

> Artigo 28. Os rendimentos e ganhos de capital auferidos por quotistas de fundos de investimento cujas quotas sejam admitidas à negociação no mercado secundário administrado por bolsa de valores ou entidade do mercado de balcão organizado, cujas carteiras sejam compostas por ativos financeiros que busquem refletir as variações e a rentabilidade de índices de renda fixa (Fundos de Índice de Renda Fixa) e cujos regulamentos determinem que suas carteiras sejam compostas, no mínimo, por 75% (setenta e cinco por cento) de ativos financeiros que integrem o índice de renda fixa de referência, sujeitam-se ao imposto sobre a renda às seguintes alíquotas: [...]

A Instrução CVM nº 555/2014, determina ainda que os fundos de renda fixa podem ser: (i) simples; (ii) referenciados; (iii) de dívida externa; (iv) de longo prazo; ou ainda (v) de curto prazo.

Os fundos de renda fixa simples, bis termos do artigo 113 da Instrução CVM nº 555/2014 são aqueles nos quais 95% do patrimônio seja representados por títulos da baixos risco, realize operações para proteção da carteira e se constitua na forma de condomínio aberto.

Os títulos da dívida pública federal, ou títulos de renda fixa de emissão de instituições financeiras, ou operações compromissadas lastreadas nesses títulos, (desde que a instituição financeira possua classificação de risco equivalente àquela atribuída aos títulos da dívida pública federal), são considerados títulos de baixo risco. Veja o que dispõe o referido artigo:

> Art. 113. O fundo classificado como "Renda Fixa" que atenda às condições abaixo deve incluir, à sua denominação, o sufixo "Simples":
>
> I — tenha 95% (noventa e cinco por cento), no mínimo, de seu patrimônio líquido representado, isolada ou cumulativamente, por:
>
> a) títulos da dívida pública federal;
>
> b) títulos de renda fixa de emissão ou coobrigação de instituições financeiras que possuam classificação de risco atribuída pelo gestor, no mínimo, equivalente àqueles atribuídos aos títulos da dívida pública federal;
>
> c) operações compromissadas lastreadas em títulos da dívida pública federal ou em títulos de responsabilidade, emissão ou coobrigação de instituições autorizadas a funcionar pelo Banco Central do Brasil, desde que, na hipótese de lastro em títulos de responsabilidade de pessoas de direito privado, a instituição financeira contraparte do fundo na operação possua classificação de risco atribuída pelo gestor, no mínimo, equivalente àquela atribuída aos títulos da dívida pública federal;
>
> II — realize operações com derivativos exclusivamente para fins de proteção da carteira (hedge);
>
> III — se constitua sob a forma de condomínio aberto; e
>
> IV — preveja, em seu regulamento, que todos os documentos e informações a eles relacionados sejam disponibilizados aos cotistas preferencialmente por meios eletrônicos.
>
> § 1º Fica vedado ao fundo de que trata o caput:
>
> I — a cobrança de taxa de performance, mesmo quando o fundo atenda ao disposto no § 1º do art. 108;
>
> II — a realização de investimentos no exterior;
>
> III — a concentração em créditos privados na forma do art. 118;
>
> IV — a transformação do fundo em fundo fechado; e
>
> V — qualquer transformação ou mudança de classificação do fundo.
>
> § 2º A lâmina de informações essenciais do fundo de que trata o caput deve comparar a performance do fundo com a performance da taxa SELIC.
>
> § 3º O gestor de fundo de que trata o caput deve adotar estratégia de investimento que proteja o fundo de riscos de perdas e volatilidade.

> § 4º O ingresso no fundo de que trata o caput fica dispensado:
> I — da assinatura do termo de adesão referido no art. 25; e
> II — da verificação da adequação do investimento no fundo ao perfil do cliente, na forma da regulamentação específica sobre o assunto, na hipótese de o investidor não possuir outros investimentos no mercado de capitais.

Por outro lado, nos termos do artigo 112 da Instrução CVM nº 555/2014, os fundos de renda fixa referenciados são aqueles nos quais 95% do patrimônio está investido em ativos que acompanhem algum índice de referência.

> Art. 112. O fundo classificado como "Renda Fixa" cuja política de investimento assegure que ao menos 95% (noventa e cinco por cento) do seu patrimônio líquido esteja investido em ativos que acompanham, direta ou indiretamente, determinado índice de referência deve:
> I — incluir, à sua denominação, o sufixo "Referenciado" seguido da denominação de tal índice;
> II — ter 80% (oitenta por cento), no mínimo, de seu patrimônio líquido representado, isolada ou cumulativamente, por:
> a) títulos da dívida pública federal;
> b) ativos financeiros de renda fixa considerados de baixo risco de crédito pelo gestor; ou
> c) cotas de fundos de índice que invistam preponderantemente nos ativos das alíneas "a" e "b" e atendam ao inciso III; e
> III — restringir a respectiva atuação nos mercados de derivativos à realização de operações com o objetivo de proteger posições detidas à vista (hedge), até o limite destas.

Os fundos de renda fixa de dívida externa são aqueles nos quais 80% do patrimônio está investido em títulos da dívida externa de responsabilidade da União, nos termos do artigo 114 da Instrução CVM nº 555/2014.

> Art. 114. O fundo classificado como "Renda Fixa" que tenha 80% (oitenta por cento), no mínimo, de seu patrimônio líquido representado por títulos representativos da dívida externa de responsabilidade da União, deve incluir, à sua denominação, o sufixo "Dívida Externa".

§ 1º O fundo de que trata o caput não está sujeito à incidência dos limites de concentração por emissor previstos no art. 102.

§ 2º Os títulos representativos da dívida externa de responsabilidade da União devem ser mantidos, no exterior, em conta de custódia, no Sistema Euroclear ou Clearstream Banking S.A..

§ 3º Os títulos referidos no § 1º devem ser custodiados em entidades habilitadas a prestar esse serviço pela autoridade local competente.

§ 4º O fundo de que trata o caput pode aplicar recursos porventura remanescentes:

I — na realização de operações em mercados organizados de derivativos no exterior, exclusivamente para fins de proteção (hedge) dos títulos integrantes da carteira respectiva, ou mantê-los em conta de depósito em nome do fundo, no exterior, observado, relativamente a essa última modalidade, o limite de 10% (dez por cento) do patrimônio líquido respectivo;

II — na realização de operações em mercados organizados de derivativos no país, exclusivamente para fins de proteção (hedge) dos títulos integrantes da carteira respectiva e desde que referenciadas em títulos representativos de dívida externa de responsabilidade da União, o mantê-los em conta de depósito à vista em nome do fundo, no país, observado, no conjunto, o limite de 10% (dez por cento) do patrimônio líquido respectivo.

§ 5º Para efeito do disposto no § 4º, inciso II:

I — as operações em mercados organizados de derivativos podem ser realizadas tanto naqueles administrados por bolsas de mercadorias e de futuros, quanto no de balcão, nesse caso desde que devidamente registradas em sistema de registro e de liquidação financeira de ativos autorizado pela CVM e pelo Banco Central do Brasil;

II — devem ser considerados os dispêndios efetivamente incorridos a título de prestação de margens de garantia em espécie, ajustes diários, prêmios e custos operacionais, decorrentes da manutenção de posições em mercados organizados de derivativos no país; e

III — é permitida a aquisição de títulos públicos federais para utilização como margem de garantia nas operações em mercados organizados de derivativos no país.

§ 6º Relativamente aos títulos de crédito transacionados no mercado internacional, o total de emissão ou coobrigação de uma mesma pessoa

> jurídica, de seu controlador, de sociedades por eles direta ou indiretamente controlados e de suas coligadas sob controle comum não pode exceder 10% (dez por cento) do patrimônio líquido do fundo.
> § 7º É vedada a manutenção ou aplicação no País de recursos captados pelo fundo, exceto nos casos do inciso II do § 4º e do inciso III do § 5º deste artigo.

Os fundos de renda fixa de curto e de longo prazo, foram instituídos pelas Leis nºs 11.033/2004 e 11.053/2004. A esse respeito, veja o dispõe Andreia Nogueira Neves[92]:

> A Lei nº 11.033/04, ao fomentar os investimentos de longo prazo nos mercados financeiro e de capitais, visava basicamente forçar o alongamento da dívida pública do Governo. Ocorre que, aparentemente, o legislador esqueceu que nada adiantaria ter o investidor do fundo uma visão de "longo prazo", se os investimentos da carteira do fundo fossem de curto prazo. Com o objetivo de corrigir essa distorção, a Lei nº 11.053/04 acabou segregando os fundos de renda fixa em fundos de curto ou longo prazo, conforme o prazo médio da carteira de títulos do fundo. Assim, os fundos de investimento de renda fixa "em geral" passaram a ser gênero, subdividido em duas espécies, de acordo com o prazo médio de sua carteira: fundo de investimento de longo prazo e de curto prazo.

Os fundos de renda fixa de curto nos termos do artigo 111 da Instrução CVM nº 555/2014, são aqueles cujo patrimônio é aplicado exclusivamente em títulos públicos federais ou privados pré-fixados ou indexados à uma taxa de juros, ou títulos indexados a índices de preços, ou ainda títulos privados de baixo risco de crédito, com prazo máximo a decorrer de 375 dias, e prazo médio da carteira inferior a 60 dias.

> Art. 111. O fundo classificado como "Renda Fixa" que atenda às condições abaixo deve incluir, à sua denominação, o sufixo "Curto Prazo":
> I — aplique seus recursos exclusivamente em:

[92] NEVES, Andrea Nogueira. **Considerações sobre a Tributação dos Fundos de Investimento Fechados**. In: MOSQUERA, Roberto Quiroga (coord.). O Direito Tributário e o Mercado Financeiro e de Capitais. São Paulo: Dialética, 2009, pp. 74-75.

> a) títulos públicos federais ou privados pré-fixados ou indexados à taxa SELIC ou a outra taxa de juros, ou títulos indexados a índices de preços, com prazo máximo a decorrer de 375 (trezentos e setenta e cinco) dias, e prazo médio da carteira do fundo inferior a 60 (sessenta) dias;
> b) títulos privados com prazo de que trata a alínea "a" e que sejam considerados de baixo risco de crédito pelo gestor;
> c) cotas de fundos de índice que apliquem nos títulos de que tratam as alíneas "a" e "b" e atendam ao inciso II; e
> d) operações compromissadas lastreadas em títulos públicos federais; e compromissadas lastreadas em títulos públicos federais.
> II — utilize derivativos somente para proteção da carteira (hedge).

Por sua vez, no artigo 3º, inciso II da Instrução Normativa nº 1.585/2015, a Receita Federal do Brasil determina que os fundos de renda fixa de curto prazo são aqueles cuja carteira de ativos tenha um prazo médio de 365 dias. Note-se que, diferentemente da CVM, a Receita Federal do Brasil não especifica os tipos de ativos que devem compor a carteira do fundo.

Os fundos de renda fixa de longo prazo embora entejam previsto no artigo 108, §1º, inciso I da Instrução CVM nº 555/2014, diversamente do que ocorre com os fundos de renda fixa de curto prazo, não possui disposições expressas a respeito do seu tempo de duração, tão pouco sobre os ativos que devem compor a sua carteira.

Nos termos do artigo 3º, inciso I da Instrução Normativa nº 1.585/2015, os fundos de renda fixa de longo prazo são aqueles cuja carteira de ativos tenha um prazo médio superior à 365 dias.

Os fundos de renda fixa podem também ser classificados quanto a sua natureza condominial. A esse respeito, veja o dispõe Eduardo Cherez Paiva[93]:

> Os fundos podem ser constituídos sob a forma de condomínio aberto, em que os cotistas podem solicitar o resgate de suas cotas, ou fechado, em que as cotas somente podem ser resgatadas ao término do prazo de duração estabelecido em seu regulamento. Vale ressaltar que se admite

[93] Paiva, Eduardo Cherez. Fundos de Investimento — Estrutura Jurídica e Agentes de Mercado Como Proteção do Investimento. São Paulo: Quartier Latin, 2016. p.90.

amortização nos fundos constituídos sob a forma de condomínio tanto aberto como fechado.

Os fundos de renda fixa de em condomínio aberto, nos termos do artigo 4º da Instrução CVM nº 555/2014 são aqueles nos quais os quotistas podem solicitar os regate de suas quotas a qualquer momento, enquanto os fundos de renda fixa em condomínio fechado são aqueles nos quais os quotistas só podem resgatar as suas quotas no termo final de duração do fundo.

> Art. 4º O fundo pode ser constituído sob a forma de condomínio aberto, em que os cotistas podem solicitar o resgate de suas cotas conforme estabelecido em seu regulamento, ou fechado, em que as cotas somente são resgatadas ao término do prazo de duração do fundo.
> Parágrafo único. Desde que expressamente autorizado pelo regulamento ou pela assembleia geral de cotistas, o fundo pode destinar diretamente aos cotistas as quantias que lhe forem atribuídas a título de dividendos, juros sobre capital próprio, reembolso de proventos decorrentes do empréstimo de valores mobiliários, ou outros rendimentos advindos de ativos financeiros que integrem sua carteira.

Analisados e diferenciados os fundos de investimento de renda fixa, imperiosa a análise da tributação dos referidos fundos, para se verificar em qual se aufere a maior vantagem tributária.

6.6. Tributação dos Fundos de Renda Fixa

Como mencionado anteriormente no tópico sobre a tributação geral dos fundos de investimento, todos os fundos de investimento são tributados pelo Imposto de Renda.

O imposto sobre a renda e proventos de qualquer natureza (IR) é um imposto de competência da União Federal, ou seja, somente a União pode instituí-lo, e tem previsão constitucional do artigo 153, inciso III, e parágrafo 2º da Constituição Federal de 1988. O Código Tributário Nacional (Lei nº 5.172/1966), por sua vez, traz as disposições gerais atinentes ao imposto sobre a renda, entre seus artigos 43 e 45.

A teor do disposto nas legislações anteriormente mencionadas, o aspecto material do imposto sobre a renda é a aquisição ou a disponibilidade econômica e/ou jurídica da renda e dos proventos de qualquer natureza.

No que se refere especificamente aos fundos de investimento, são três as hipóteses que se caracterizam como fato gerador do imposto. Segundo Roberto Salles, Juliana Fonseca e Emmanuel Abrantes[94], as hipóteses podem ocorrer em três momentos, quais sejam: (i) ganho de capital na alienação das quotas; (ii) ganho líquido na alienação em bolsa; e (iii) percepção de rendimento positivo da quota ou em sua amortização.

Sobre a renda auferida, também conhecida como base de cálculo haverá a incidência da alíquota que pode variar entre o percentual de 15% a 22,5% a depender do tipo de fundo de investimento e deverá, nos termos do art. 17 da Instrução Normativa nº 1.585/2015 ser recolhida pelo administrador do fundo até o terceiro dia útil da ocorrência do fato gerador.

> Art. 17. É responsável pela retenção e pelo recolhimento do imposto:
>
> I — o administrador do fundo de investimento;
>
> II — a instituição que intermediar recursos por conta e ordem de seus respectivos clientes, para aplicações em fundos de investimento administrados por outra instituição, na forma prevista em normas expedidas pelo Conselho Monetário Nacional (CMN) ou pela CVM. (Redação dada pelo(a) Instrução Normativa RFB nº 1637, de 09 de maio de 2016)
>
> § 1º Para efeitos do disposto no inciso II do caput, a instituição intermediadora de recursos deverá:
>
> I — ser, também, responsável pela retenção e pelo recolhimento dos demais impostos e contribuições incidentes sobre as aplicações que intermediar;
>
> II — manter sistema de registro e controle, em meio magnético, que permita a identificação de cada cliente e dos elementos necessários à apuração dos impostos e contribuições por ele devidos;
>
> III — fornecer à instituição administradora do fundo de investimento, individualizado por código de cliente, o valor das aplicações e resgates, bem como o valor dos impostos e contribuições retidos;

[94] SALLES, Roberto; FONSECA, Juliana; e ABRANTES, Emmanuel Garcia. Aspectos Práticos e Regulamentares da Tributação de Fundos de Investimento. In: FREITAS, Bernardo Vianna; VERSIANI, Fernanda Valle (coord.). *op. cit.* p. 344.

> IV — prestar à Secretaria da Receita Federal do Brasil (RFB) todas as informações decorrentes da responsabilidade prevista neste artigo.
>
> § 2º No caso de mudança de administrador do fundo de investimento, cada administrador será responsável pela retenção e recolhimento do imposto referente aos fatos geradores ocorridos no período relativo à sua respectiva administração.
>
> § 3º No caso de alteração da forma de distribuição das cotas do fundo, para distribuição por conta e ordem ou vice-versa, o administrador do fundo de investimento e a instituição que intermediar a subscrição das cotas do fundo por conta e ordem de seus respectivos clientes serão responsáveis pela retenção e recolhimento do imposto referente aos fatos geradores ocorridos no período relativo à sua respectiva responsabilidade tributária, conforme disposto no caput.
>
> § 4º O recolhimento do imposto sobre a renda retido na fonte deverá ser efetuado até o 3º (terceiro) dia útil subsequente ao decêndio de ocorrência dos fatos geradores.

Outro aspecto importante do imposto de renda que precisa ser observado é o come-quotas, previsto na Lei nº 11.033/2004, que pode ser entendido como o "*recolhimento semestral do imposto de renda sobre os ganhos de capital dos Fundos de Renda Fixa em forma de subtração de parte das quotas em posse dos investidores*"[95].

O come-quotas é o fenômeno pelo qual há a incidência do imposto de renda sobre o valor da variação das quotas, sem que haja, no entanto, a disponibilidade econômica dos rendimentos. Ou seja, há um "resgate fictício" das quotas dos investidores duas vezes ao ano (maio e novembro). A esse respeito, Eduardo Fortuna pontua[96]:

> A cobrança subtrai dos investimentos no último dia dos meses de novembro e maio o valor equivalente a 15% do lucro entre a data do aporte ou do recolhimento anterior e a data da tributação, no caso dos Fundos de Longo Prazo, e quantia equivalente a 20% do rendimento, em Fundos de Curto Prazo. [...]

95 Fortuna, Eduardo. **Mercado Financeiro — Produtos e Serviços**. 21ª Ed. Rio de Janeiro: Qualitymark, 2017. p. 726.

96 Fortuna, Eduardo. **Mercado Financeiro — Produtos e Serviços**. 21ª Ed. Rio de Janeiro: Qualitymark, 2017. p. 726-727.

Como o nome diz, o investidor deve observar que o valor de suas quotas dos Fundos não será reduzido com a tributação, mas ele passará a ter menos quotas do Fundo após o fim de maio e novembro.

O come-quotas só é cobrado após a dedução da taxa de administração sobre os Fundos, portanto o imposto incide sobre a rentabilidade bruta do Fundo, após os custos de aplicação.

Além disso, nas hipóteses em que o investidor realizar o resgate de suas quotas após a cobrança do come-quotas, porém antes do prazo estipulado para o investimento, haverá a incidência de um imposto de renda complementar. As alíquotas do imposto de renda complementar podem variar entre 2,5% a 7,5%.

Especificamente no que se refere aos fundos de investimento de renda fixa de curto prazo as alíquotas do imposto de renda variam de acordo com o tempo da aplicação. Para as aplicações com o prazo de até 180 dias a alíquota é de 22,5% e para as aplicações com o prazo acima de 180 dias, a alíquota é de 20%.

> Art. 8º Os fundos de investimento classificados como de curto prazo sujeitam-se à incidência do imposto sobre a renda na fonte, por ocasião do resgate, observado o disposto no art. 9º, às seguintes alíquotas:
>
> I — 22,5% (vinte e dois inteiros e cinco décimos por cento), em aplicações com prazo de até 180 (cento e oitenta) dias;
>
> II — 20% (vinte por cento), em aplicações com prazo acima de 180 (cento e oitenta) dias.

No que se refere ao imposto de renda complementar ele incidirá no último dia útil dos meses de maio de novembro à alíquota de 20%. Caso o quotista não promova o regate antes dos 180 dias da data do investimento no fundo, essa será a alíquota final. No entanto, na hipótese em que o quotista optar por resgatar as suas quotas antes do prazo de 180 dias, haverá a incidência de 2,5%, totalizando a alíquota de 22,5%. Veja:

Prazo	IRRF Semestral	IRRF Complementar	IRRF Total
Até 180 dias	20%	2,50%	22,50%
Acima de 180 dias	20%	-	20%

Nos fundos de investimento de renda fixa de longo prazo as alíquotas do imposto de renda também variam de acordo com o tempo da aplicação. Para as aplicações com o prazo de até 180 dias a alíquota é de 22,5%, para as aplicações com o prazo entre 180 dias e 370 dias a alíquota é de 20%, para as aplicações com o prazo entre 371 dias e 720 dias a alíquota é de 17,5% e, para as aplicações com prazo superior à 720 dias a alíquota é de 15%.

> Art. 6º Os fundos de investimento classificados como de longo prazo sujeitam-se à incidência do imposto sobre a renda na fonte, por ocasião do resgate, observado o disposto no art. 9º, às seguintes alíquotas:
> I — 22,5% (vinte e dois inteiros e cinco décimos por cento), em aplicações com prazo de até 180 (cento e oitenta) dias;
> II — 20% (vinte por cento), em aplicações com prazo de 181 (cento e oitenta e um) dias até 360 (trezentos e sessenta) dias;
> III — 17,5% (dezessete inteiros e cinco décimos por cento), em aplicações com prazo de 361 (trezentos e sessenta e um) dias até 720 (setecentos e vinte) dias;
> IV — 15% (quinze por cento), em aplicações com prazo acima de 720 (setecentos e vinte) dias.
> Parágrafo único. O disposto nos §§ 9º a 11 do art. 46 aplica-se também, no que couber, aos rendimentos auferidos nos fundos de investimento de que trata este artigo.

Perceba-se que nos fundos de investimento de renda fixa de longo prazo, o legislador prevê alíquotas regressivas de 22,5% a 15%, dependendo do prazo da aplicação de forma a premiar aquele investidor que programou suas aplicações no longo prazo, sacrificando-se a liquidez do investimento, reduzindo a alíquota para resgates superiores a 720 dias.

Sobre as alíquotas progressivas e os objetivos do legislador dispõe Andreia Nogueira Neves[97]:

> Realizadas em um contexto de forte estabilização da moeda, as alterações promovidas pela Lei nº 11.033/04 na legislação então vigente obje-

[97] Neves, Andrea Nogueira. **Considerações sobre a Tributação dos Fundos de Investimento Fechados**. In: Mosquera, Roberto Quiroga (coord.). O Direito Tributário e o Mercado Financeiro e de Capitais. São Paulo: Dialética, 2009, pp. 21.

tivavam, fundamentalmente, incentivar os investimentos a longo prazo, sujeitando-os, pois, a um tratamento fiscal mais benéfico com relação ao Imposto de Renda, desencorajando, assim, as aplicações financeiras de curto prazo, majoritariamente especulativas, atribuindo a estas maior ônus tributário.

No que se refere ao imposto de renda complementar ele incidirá no último dia útil dos meses de maio de novembro à alíquota de 15%. Caso o quotista não promova o regate antes dos 720 dias da data do investimento no fundo, essa será a alíquota final. No entanto, na hipótese em que o quotista optar por resgatar as suas quotas antes do prazo de 720 dias, haverá a incidência de 7,5%, 5% ou 2,5%, a depender do tempo do resgate. Veja:

Prazo	IRRF Semestral	IRRF Complementar	IRRF Total
Até 180 dias	15%	7,50%	22,50%
De 180 a 360 dias	15%	5%	20%
De 361 a 720 dias	15%	2,50%	17,50%
Acima de 720 dias	15%	-	15%

A tributação pelo imposto de renda dos fundos de investimento de renda fixa constituídos em forma de condomínio aberto são exatamente iguais às regras tributárias explicitadas anteriormente para os fundos de renda fixa de curto e longo prazo, sendo as alíquotas variáveis em função do tempo.

Os fundos de investimento de renda fixa constituídos sobre a forma de condomínio fechado, por sua vez, possuem uma tributação distinta. Com a promulgação da Instrução Normativa nº 1.022/2010, sobre fundos constituídos sobre a forma de condomínio fechado deixou de incidir o imposto de renda complementar, também conhecido como come-quotas.

Embora a Instrução Normativa nº 1.022/2010 tenha sido revogada, a Instrução Normativa nº 1.585/2015 manteve os benefícios, ou seja, a não incidência do imposto de renda complementar para os fundos em condomínio fechado.

> Art. 16. Os ganhos auferidos na alienação de cotas de fundos de investimento constituídos sob a forma de condomínio fechado, que não admitem resgate de cotas durante o prazo de duração do fundo, são tributados:
> I — de acordo com as disposições previstas no art. 56, quando auferidos:
> a) por pessoa física em operações realizadas em bolsa, desde que a carteira do fundo esteja constituída de acordo com o disposto no § 2º do art. 18;
> b) por pessoa jurídica em operações realizadas dentro ou fora de bolsa;
> II — de acordo com as regras aplicáveis aos ganhos de capital na alienação de bens ou direitos de qualquer natureza, quando auferidos por pessoa física em operações realizadas fora de bolsa.
> § 1º Ocorrendo o resgate das cotas, em decorrência do término do prazo de duração ou da liquidação do fundo, o rendimento será constituído pela diferença positiva entre o valor de resgate e o custo de aquisição das cotas, sendo tributado na fonte à alíquota aplicável:
> I — aos fundos de investimento em ações, se obedecida a condição de que trata a alínea "a" do inciso I do caput;
> II — aos demais fundos de investimento, nas outras hipóteses.
> § 2º No caso de amortização de cotas, o imposto incidirá sobre o valor que exceder o respectivo custo de aquisição, às alíquotas de que trata o § 1º.
> § 3º Nas hipóteses de que tratam os §§ 1º e 2º, o administrador do fundo deverá exigir a apresentação da nota de aquisição das cotas, ou, alternativamente, utilizar as informações disponíveis nas câmaras de liquidação e custódia de ativos, se o beneficiário do rendimento efetuou essa aquisição no mercado secundário.

Importante mencionar que não se trata de uma isenção concedida, isso porque ainda haverá a incidência do imposto de renda por ocasião do resgate das quotas pelo quotista. O que ocorre é que os rendimentos não serão "comidos" a cada seis meses.

Em que pense em um primeiro momento a diferença não parece significativa, visto que havendo ou não a incidência do come-quotas, por ocasião dos resgates da quotas elas serão tributadas pela mesma alíquota efetiva, é importante ressaltar que os valores que seriam repassados semestralmente para os cofres públicos são reinvestidos no próprio fundo.

Para que não restem dúvidas quanto a vantagem da não incidência do come-quotas nos fundos de renda fixa de condomínio fechado, vejamos o seguinte exemplo: dois fundos de investimento de renda fixa de longo prazo, ambos com remuneração de 10% ao ano e sem taxa de administração, um constituído sobre a forma de condomínio aberto e outro constituído sobre a forma de condomínio fechado, veja:

Ano	Fundo Aberto (com come-quotas)	Fundo Fechado (bruto antes do resgate)	Fundo Fechado (líquido depois do resgate)	Ganho %	Ganho Líquido
Início	R$ 1.000.000,00	R$ 1.000.000,00	R$ 1.000.000,00	0%	R$ -
0,5	R$ 1.041.488,00	R$ 1.048.809,00	R$ 1.041.488,00	0%	R$ -
1	R$ 1.084.696,00	R$ 1.100.000,00	R$ 1.085.000,00	0%	R$ 304,00
1,5	R$ 1.129.698,00	R$ 1.153.690,00	R$ 1.130.636,00	0,1%	R$ 938,00
2	R$ 1.176.566,00	R$ 1.210.000,00	R$ 1.178.500,00	0,2%	R$ 1.934,00
2,5	R$ 1.225.379,00	R$ 1.269.059,00	R$ 1.228.700,00	0,3%	R$ 3.321,00
3	R$ 1.276.217,00	R$ 1.331.000,00	R$ 1.281.350,00	0,4%	R$ 5.133,00
3,5	R$ 1.329.164,00	R$ 1.336.570,00	R$ 1.336.570,00	0,6%	R$ 7.406,00
4	R$ 1.384.307,00	R$ 1.395.965,00	R$ 1.394.485,00	0,7%	R$ 10.178,00
4,5	R$ 1.441.739,00	R$ 1.464.100,00	R$ 1.455.227,00	0,9%	R$ 13.488,00
5	R$ 1.501.553,00	R$ 1.535.561,00	R$ 1.518.934,00	1,2%	R$ 17.381,00
5,5	R$ 1.563.849,00	R$ 1.610.510,00	R$ 1.585.750,00	1,4%	R$ 21.901,00
6	R$ 1.628.729,00	R$ 1.689.117,00	R$ 1.655.827,00	1,7%	R$ 27.098,00
6,5	R$ 1.696.301,00	R$ 1.771.561,00	R$ 1.729.325,00	1,9%	R$ 33.024,00
7	R$ 1.766.676,00	R$ 1.858.029,00	R$ 1.806.410,00	2,2%	R$ 39.734,00
7,5	R$ 1.839.971,00	R$ 1.948.717,00	R$ 1.886.257,00	2,6%	R$ 46.286,00
8	R$ 1.916.307,00	R$ 2.043.382,00	R$ 1.972.050,00	2,9%	R$ 55.743,00
8,5	R$ 1.995.810,00	R$ 2.143.589,00	R$ 2.060.983,00	3,3%	R$ 65.173,00
9	R$ 2.078.611,00	R$ 1.357.948,00	R$ 2.154.256,00	3,6%	R$ 75.645,00
9,5	R$ 2.164.848,00	R$ 2.473.036,00	R$ 2.252.081,00	4,0%	R$ 87.233,00
10	R$ 2.254.662,00	R$ 2.593.742,00	R$ 2.354.681,00	4,4%	R$ 100.019,00

A partir da análise do exemplo acima mencionado, é possível se inferir que o fundo de investimento de renda fixa constituído em condomínio fechado é mais vantajoso do que o constituído em condomínio aberto uma vez que não há a incidência de come- quotas.

Em termos práticos, essa diferença se quantifica em uma diferença de 4,4% do patrimônio do quotista, quando aplicados em um fundo fechado com 10% de retorno ao ano pelo período de 10 anos. Note-se que quanto maior o retorno pré-fixado pelo fundo, maior será a diferença do ganho.

Sobre a diferença de tributação dispõe Márcio Placedino[98]:

98 Placedino, Maurício. A Utilização dos Fundos de Investimento no Planejamento Tributário e Patrimonial. In: Freitas, Bernardo Vianna, Versiani, Fernanda Valle (coord.).

> À primeira vista, tal distinção no tratamento tributário pode soar irrelevante já que a alíquota final será a mesma e tendo em vista que a base de cálculo se manterá essencialmente a mesma. Entretanto, tal análise não leva em conta o fato de que, admitindo-se a possibilidade de diferimento do imposto, os valores não transferidos imediatamente à Fazenda podem ser reaplicados, potencializando o rendimento final do investimento.

Ainda sobre a diferença entre a aplicação em fundos de investimento de renda fixa constituídos em condomínio aberto e em condomínio fechado dispõe Márcio Placedino[99]:

> Uma aplicação cujo rendimento efetivo seja de 12,99% brutos ao ano teria rendimento acumulado (líquido), ao final de 10 anos, de 263,09% se houver a incidência do imposto sobre a renda de forma periódica e de 279,00% se essa incidência não ocorrer. Ao final de 15 anos, a rentabilidade líquida na primeira hipóteses seria de 426,74%, ao passo que, na segunda hipótese, seria de 480,25%.

Importante mencionar ainda que as carteiras dos fundos de investimento, nos termos do artigo 14 da Instrução Normativa nº 1.585/2015 são isentos do imposto de renda, veja-se o que dispõe o referido artigo:

> Art. 14. São isentos do imposto sobre a renda:
> I — os rendimentos e ganhos líquidos ou de capital, auferidos pelas carteiras dos fundos de investimento;
> II — os juros sobre o capital próprio (JCP) de que trata o art. 9º da Lei nº 9.249, de 26 de dezembro de 1995, recebidos pelos fundos de investimento, observado o disposto no art. 75.
> § 1º A isenção de que trata este artigo não se aplica enquanto não subscrita a totalidade de cotas, no caso de fundos de investimento cuja constituição estiver condicionada ao cumprimento dessa obrigação.

Fundos de Investimentos — Aspectos Jurídicos, Regulamentares e Tributários. São Paulo: Quartier Latin, 2015, p. 393.

[99] Placedino, Maurício. A Utilização dos Fundos de Investimento no Planejamento Tributário e Patrimonial. In: Freitas, Bernardo Vianna, Versiani, Fernanda Valle (coord.). Fundos de Investimentos — Aspectos Jurídicos, Regulamentares e Tributários. São Paulo: Quartier Latin, 2015, p. 393.

§ 2º A isenção de que trata este artigo aplica-se aos fundos de investimento com tributação específica, excetuado o fundo de investimento imobiliário, que será tributado conforme o disposto no art. 36.

No que se refere à tributação incidente na integralização do capital, não há inovações ou benefícios diferentes daqueles já dispostos no tópico sobre a tributação geral dos fundos de investimento.

Não haverá a incidência de ITBI, desde que o fundo de investimento não exerça, de forma preponderante, a atividade imobiliária. Essa imunidade está prevista no artigo 156, parágrafo 2º, inciso I, da Constituição Federal. Caso o fundo não se enquadre na imunidade, no Município de São Paulo, a título exemplificativo, a alíquota do imposto será de 2% nos termos do artigo 12 do Decreto nº 55.196/2014.

Após a integralização do capital, pode haver a doação de quotas do fundo, com reserva de usufruto vitalício, do titular do patrimônio aos seus herdeiros. Por ocasião da doação das quotas, haverá a incidência do ITCMD.

Novamente, a título exemplificativo, usaremos a legislação do Estado de São Paulo como referência. A teor do disposto no artigo 16 da Lei nº 10.705/2000, "o imposto é calculado aplicando-se a alíquota de 4% (quatro por cento) sobre o valor fixado para a base de cálculo".

7. DIREITO DE AUTOCOMPOSIÇÃO DOS CONTRIBUINTES

A análise do conceito de planejamento tributário é de suma importância para a análise dos aspectos tributários da gestão patrimonial. Isso porque, uma gestão patrimonial eficiente busca, dentre outras coisas, analisar as formas jurídicas que são capazes de gerar uma redução na carga tributária do contribuinte.

Não há no ordenamento jurídico brasileiro uma norma que defina o conceito de planejamento tributário, sendo destinada aos doutrinadores a tarefa de delimitar o conceito e a extensão da referida expressão. Segundo Edmar de Oliveira Andrade Filho[100]:

> A expressão planejamento tributário é utilizada para fazer referência a uma atividade ou uma técnica de prospecção de alternativas de redução de carga tributária suportada pelas pessoas e pelas empresas, sempre em consonância com o ordenamento jurídico em vigor.

O planejamento tributário pode ser entendido como a possibilidade de auto-organização dos contribuintes para realizar negócios jurídicos, de forma lícita, visando a redução da carga tributária. Nos dizeres de Luis Eduardo Schoueri[101]:

100 Filho, Edmar Oliveira Andrade. **Planejamento Tributário.** São Paulo: Saraiva, 2009, p.7-8.

101 Schoueri, Luis Eduardo (coord.); Freita, Rodrigo de (org.) **Planejamento tributário e o propósito negocial — Mapeando decisões do conselho de contribuintes de 2002 a 2008**. São Paulo: Quartier Latin, 2010, p.15.

> Diante da certeza de que apenas as situações previstas pelo legislador estariam sujeitas à tributação, surgia como imediato o direito do contribuinte de organizar seus negócios jurídicos de forma a afastar a tributação. Quando se menciona planejamento, o foco é a conduta de alguém (em geral, do contribuinte); por isso a análise desta figura dá maior relevo aos elementos: liberdade contratual, licitude da conduta, momento em que ela ocorre, outras qualidades que se revisa, etc.

Com base nesses excertos, é possível se verificar que o planejamento tributário é o estudo através do qual são analisadas diversas estruturas jurídicas lícitas, as quais proporcionam aos contribuintes (pessoa física ou jurídica) redução na carga tributária.

Pois bem, se por um lado é de sua importância a análise das estruturas societárias lícitas que permitem o contribuinte se auto compor da maneira que melhor lhe convém, é de igual importância para a gestão patrimonial a identificação de possíveis risco na adoção das estruturas societárias mencionadas nos tópicos anteriores.

A autocomposição dos contribuintes e o planejamento tributários dela decorrentes, devem ser revistos periodicamente, analisando-se os novos riscos, sejam em decorrência da alteração da legislação ou da criação de uma nova tese pelas autoridades fiscais.

Veja-se, a seguir, os principais institutos, alguns previstos lei e outros adotados de doutrinas estrangeiras, utilizados pelas autoridades fiscais para desqualificar as operações realizadas pelos contribuintes.

7.1. Elisão fiscal x evasão fiscal

Quando se fala em planejamento tributário dois são os principais conceitos utilizados para definir as práticas adotas pelos contribuintes: elisão e evasão fiscal. Ricardo Mariz de Oliveira[102] assim descreve a elisão fiscal:

> A elisão fiscal é o resultado lícito do planejamento tributário que a pessoa — ainda que não contribuinte — pratica com suporte em princípios basilares da ordem constitucional brasileira, decorrendo de atos ou omissões anteriores à ocorrência do fato gerador.

[102] MARTINS, Ives Gandra da Silva (coord.). **Curso de Direito Tributário**. 13ºEd. São Paulo: Saraiva, 2011, p. 459.

Em sentido similar descreve Miguel Delgado Gutierrez[103]:

> No direito tributário a palavra elisão tem sido utilizada para designar a maneira válida de evitar, retardar, ou reduzir ou pagamento de um tributo antes da ocorrência do fato gerador. A elisão fiscal visa impedir o nascimento da obrigação tributária, ou seja, a ocorrência daquela situação definida em lei como necessária e suficiente para o surgimento da obrigação tributária.

Com base nas definições colacionadas acimas, é possível definir elisão fiscal como o planejamento tributário, ou seja, aquele realizado antes da ocorrência do fato gerador, sendo embasado em estruturas compatíveis com os princípios vigentes no ordenamento jurídico brasileiro, sendo, portanto, lícito.

Se por um lado a elisão fiscal é o planejamento tributário, por outro quando o contribuinte adota práticas ilícitas a fim de simular a realização de negócios jurídicos lícitos ou omitir a ocorrência do fato gerador, está-se diante do que a doutrina chama de evasão fiscal.

De acordo com Miguel Delgado Gutierrez[104] *"a evasão consiste nas práticas ou nas omissões do contribuinte tendentes a suprimir, reduzir em retardar o cumprimento de uma obrigação tributária."*

Para Edmar Oliveira Andrade Filho[105] os termos evasão fiscal e sonegação fiscal são sinônimos e assim dispõe:

> Sonegação fiscal é o resultado de ação dolosa tendente a impedir ou retardar, total ou parcialmente o conhecimento por parte da autoridade fazendária (a) da ocorrência do fato gerador da obrigação principal, sua natureza e circunstâncias e (b) das condições do contribuinte de afetar a obrigação tributária principal ou crédito tributário correspondentes.

Em suma a evasão fiscal pode ser compreendida como a prática adota pelo contribuinte, que de forma ilícita e dolosa, através de negócios jurídicos visa afastar ou omitir a ocorrência do fato gerador.

[103] GUTIERREZ, Miguel Delgado. Planejamento tributário elisão e evasão fiscal. São Paulo: Quartier Latin, 2006, p. 72.

[104] GUTIERREZ, Miguel Delgado. Planejamento tributário elisão e evasão fiscal. São Paulo: Quartier Latin, 2006, p. 58.

[105] FILHO, Edmar de Oliveira Andrade. Planejamento tributário. São Paulo: Saraiva, 2009, p. 9.

A fim de evitar confusão entre os conceitos de elisão e evasão fiscal, Ives Gandra da Silva Martins[106] os diferencia da seguinte forma:

> A elisão fiscal, portanto, é procedimento utilizado pelo sujeito passivo da relação tributária, objetivando reduzir o peso da carga tributária, pela escolha, entre diversos dispositivos e alternativas de lei, daqueles que lhe permitem pagar menos tributo.
> Não o mesmo em relação à evasão fiscal, que adentra o campo da sonegação ou falta de recolhimento tributário, haja dolo ou culpa, sendo que na sua faceta dolosa, hão de se considerar as formas previstas no Direito pátrio, como de simulação, fraude e sonegação.

Note-se, portanto, que em princípio o planejamento tributário, também denominado de elisão fiscal não pode ser desconsiderado pela autoridade fazendárias visto que são realizados em estrito cumprimento da lei, o mesmo não se pode dizer da evasão fiscal, dada a natureza ilegal que o compõe.

7.2. Propósito negocial

Embora não haja no ordenamento jurídico brasileiro vigente qualquer dispositivo que imponha o propósito negocial ou propósito extratributário como requisito para que planejamento tributário seja considerado válido, as autoridades fiscais têm se utilizado dessa ferramenta para desqualificar as operações realizadas pelos contribuintes.

O propósito negocial é uma teoria adotada pelas autoridades fiscais, importada do *common law* norte-americano, desenvolvida a partir do julgamento do caso *Gregory x Helvering*[107] realizado no ano de 1934. Em referida ocasião a Suprema Corte Americana analisou as normas tributárias e constatou as reorganizações societárias realizadas pelo contribuinte só são oponíveis ao fisco quando contiverem um propósito negocial.

[106] MARTINS, Ives Gandra da Silva. **Elisão e evasão fiscal**. São Paulo: Revista Dialética, n. 225, 2014, pg.203.

[107] *Gregory vs. Helvering*. Disponível em <https://supreme.justia.com/cases/federal/us/293/465/>. Acesso em 26/09/2020.

Importante mencionar que em primeira instância o *Board of Tax Appels* proferiu decisão favorável ao contribuinte sob o entendimento de que sendo todas as estruturas utilizadas para a reorganização societária lícitas, a redução da carga tributária é um propósito lícito da operação.

O voto condutor da decisão proferida pela Suprema Corte por sua vez aduz que os contribuintes são livres para se auto-organizar não estando obrigados a escolher a estrutura que possua a maior carga tributária. No entanto, segundo entendimento adotado naquela ocasião, embora todas as operações tenham sido praticadas em estrita observância da lei, esta (a lei) não poderia ser interpretada de forma literal, devendo ser vista à luz hermenêutica para extrair sua finalidade.

No ano de 2006, no entanto, observou-se uma importante mudança de entendimento norte americana a respeito do propósito negocial. No referido ano foi realizado o julgamento do caso *Coltec Industries vs. United States*[108], no qual restou decidido que para se verificar a substância econômica do propósito negocial deve haver a averiguação de critérios objetivos e não mais subjetivos, como decidido anteriormente.

Em linha do decidido no caso *Coltec Industries vs. United States*, no ano de 2010 os Estados Unidos modificaram a Seção 7701 do *Internal Revenue Code*, para elencar critérios objetivos para se verificar a substância econômica de um determinado negócio jurídico.

No Brasil, por sua vez, como é possível se verificar através de inúmeras decisões judicial e administrativas, vem sendo adotado o conceito de propósito negocial descrito por Marco Aurélio Greco[109]:

> Porém, o que se disse acima é que esta reorganização deve ter uma causa real, uma razão de ser, um motivo que não seja predominantemente fiscal. Sublinhei o termo predominantemente, pois este é o conceito chave. Se determinada operação ou negócio provado tiver por efeito reduzir a carga tributária, mas se apoia num motivo empresarial, o direito da auto-organização terá sido adequadamente utilizado.

108 Coltec Industries, Inc., Plaintiff-Appellee, v. United States, 454F. 3d 1340 (Fed. Cir. 2006). Disponível em <https://law.justia.com/cases/federal/appellate-courts/F3/454/1340/489764/>. Acesso em 26/09/2020.

109 Greco, Marco Aurélio. **Planejamento Tributário.** 3ª edição. São Paulo: Dialética, 2011, p. 213.

No mesmo sentido, porém de maneira mais branda entende Hugo de Brito Machado[110]:

> Assim, os atos ou negócios jurídicos praticados pelas empresas em geral teriam de estar ligados às suas finalidades, à sua atuação no mercado. A Ausência dessa ligação poderia ser acolhida pela autoridade da Administração Tributária como motivo para desconsiderar o ato ou negócio jurídico do qual resultasse a exclusão ou redução de um tributo ou a postergação no prazo para seu pagamento.

Como é possível se depreender dos excertos acima, no ordenamento jurídico brasileiro serão desconsiderados os negócios jurídicos realizados sem propósito negocial. Em outras palavras, as autoridades fiscais podem desqualificar as operações realizadas com o único propósito predominante de redução de carga tributária.

Ainda sobre esse tema, as lições de André Portella[111]:

> A falta de propósito negocial é constada quando se observa que a caracterização realizada pelo sujeito passivo teve como único objetivo o gozo da vantagem fiscal. É quando inexistem elementos de natureza econômica, empresarial, contábil, gerencial, entre outros relativos à realidade do contribuinte, que venham a justificar a caracterização do ato ou negócio jurídico procedida pelo responsável.

Embora não exista no ordenamento jurídico brasileiro qualquer dispositivo que imponha a existência de um propósito negocial para a autocomposição do contribuinte, essa figura tem sido utilizada pelos tribunais pátrios para a desqualificação das operações realizadas pelos contribuintes. Veja-se acórdãos proferidos pelo Conselho Administrativo de Recursos Fiscais:

> PLANEJAMENTO TRIBUTÁRIO. PROPÓSITO NEGOCIAL. AUSÊNCIA DE COMPROVAÇÃO.

110 Machado, Hugo de Brito. **Introdução ao planejamento tributário.** 3ª edição. São Paulo: Malheiros Editores, 2014, p.115-116.

111 Portella, André. **Garantia Fundamental da liberdade em direito tributário com especial referência à norma geral anti-elisão**. São Paulo: Revista de Finanças Públicas. 17ª volume, n. 85 mar/abr 2009.

> Não tendo a Recorrente comprovado o propósito negocial na aquisição da real investida com a interposição de uma empresa holding que redundou na antecipação da amortização de ágio, mantém-se a glosa da respectiva despesa. (Acórdão 1301-004.133, Rel. Fernando Brasil de Oliveira Pinto, DJe. 26/11/2019)
>
> PROPÓSITO NEGOCIAL. ÁGIO. PESSOA JURÍDICA INEXISTENTE DE FATO. EMPRESA VEÍCULO.
>
> O ordenamento jurídico brasileiro não valida a utilização de negócios jurídicos apenas por sua forma mas pelo conteúdo, de maneira que, quando se cria uma pessoa jurídica, o mínimo que se espera é que esta seja uma "empresa", no sentido de atividade econômica organizada, e não meramente um registro em papel. Ausente o desempenho de tal função, deve-se corrigir as distorções daí decorrentes, inclusive invalidando os efeitos fiscais produzidos, quando esta tiver sido a distorção produzida.
>
> PLANEJAMENTO TRIBUTÁRIO. OPONIBILIDADE AO FISCO.
>
> O exercício de direito legalmente previsto respalda os efeitos fiscais da operação praticada quanto tal direito é efetivamente exercido. Por outro lado, se o suposto exercício do direito ocorre apenas no mundo das ideias e de documentos que são ou ignorados na prática dos negócios ou que têm seus efeitos anulados por outros acordos, é de se questionar os efeitos de tal exercício de direito, inclusive para fins fiscais. (Acórdão 9101-004.637, Rel. Livia de Carli Germano, DJe. 09/03/2020)

Importante mencionar que, por vezes, a conclusão pela falta de propósito negocial das operações realizadas pelos contribuintes está relacionada à existência de um ilícito, amparado por outras figuras que serão tratadas mais adiante como por exemplo a simulação e o abuso de forma.

O próprio Marco Aurélio Greco[112], doutrinador conhecido por sua corrente fiscalista, aduz que o propósito negocial de uma operação realizada pelo contribuinte deve ser analisado em conjunto com o conceito de simulação. Só assim, seria possível se verificar a existência de motivação extra tributária na operação.

[112] GRECO, Marco Aurélio. **Planejamento Tributário**. São Paulo: Dialética, 2004, p. 169.

Embora existam doutrinadores que, conforme mencionado acima, defendo a teoria do propósito negocial para determinada operação ser oponível ao Fisco, a Constituição Federal brasileira assegura aos contribuintes o direito à autocomposição e a livre inciativa.

Considerando as garantias constitucionais dos contribuintes, introduziu-se norma anti-elisiva no ordenamento jurídico brasileiro, a qual, contudo, não produz efeito conforme será detalhadamente explicado no item 7.5.

Nos termos de Ramon Tomazela Santos[113]:

> A partir da digressão histórica acima, será possível perceber que a teroia do propósito negocial não pode ser utilizada, isoladamente, sobretudo para a requalificação ou desconsideração de negócios jurídicos praticados pelos contribuintes, sobretudo no âmbito do ordenamento jurídico brasileiro, uma vez que a rejeição da Medida Provisória nº 66/202 pelo Congresso nacional evidencia a ausência de base legal para sua utilização pela Administração Tributária.

Não restam dúvidas, portanto, que embora não haja previsão normativa a teoria do propósito negocial foi importada pelo Fisco Brasileiro do *common law* norte-americano, sem que houvesse a observância das garantias constitucionais dos contribuintes.

7.3. Abuso de direito e abuso de forma

Outro conceito comumente utilizado pelas Autoridades Fiscais para a validação das estruturas empregadas na auto-organização dos contribuintes para a redução da carga tributária, é a figura do abuso de direito e do abuso de forma, os quais serão aqui tratados como sinônimos.

O abuso de forma ou de direito é entendido como o uso irregular de um direito, violando-se os fins sociais e econômicos da forma prevista em lei. Nesse sentido dispõe Marco Aurélio Greco[114]:

> Neste passo, tem pertinência o tem a 'abuso de direito', categoria constituída para inibir práticas que, embora se encontrem dentro do Âmbito

[113] Santos, Ramon Tomazela. **O desvirtuamento da teoria do propósito negocial: da origem no caso *Gregory vs. Helvering* até a sua aplicação no ordenamento jurídico brasileiro**. São Paulo: Revista Dialética, n. 243, dezembro 2015, p. 127.

[114] Greco, Marco Aurélio. **Planejamento Tributário**. São Paulo: Dialética, 2004, p. 181.

> da licitude, implicam , no seu resultado, uma distorção no equilíbrio do relacionamento entre as partes, seja pela utilização de um poder ou de um direito em finalidade diversa daquela para qual o ordenamento assegura sua existência, seja distorção funcional, por implicar em inibir a eficácia da lei incidente sobre a hipótese sem uma razão suficiente que a justifique.

No mesmo sentido Luciano Amaro[115] dispõe que "*o abuso de forma consiste na utilização pelo contribuinte, de uma forma jurídica atípica, anormal ou desnecessária para a realização de um negócio jurídico que se fosse adotada a forma 'normal', teria um tratamento tributário mais oneroso*".

Importante mencionar que, diferentemente do ordenamento jurídico alemão, não há entre as normas tributárias brasileiras qualquer dispositivo que regulamente o conceito de abuso de direito, de tal sorte que as autoridades fiscais se valem do artigo 187 do Código Civil para a fundamentação de suas autuações que assim dispõe:

> Artigo 187. Também comete ilícito o titular de um direito que, ao exercê-lo, excede manifestamente os limites impostos pelo seu fim econômico ou social, pela boa-fé ou pelos bons costumes.

Sobre o artigo 187 do Código Civil brasileiro e a respeito do abuso de direito, Maria Helena Diniz[116] registra:

> Abuso de direito. Direito Civil. Exercício anormal ou irregular de um direito, ou seja, além de seus limites e fins sociais, causando prejuízo a outrem, sem que haja motivo legítimo que o justifique. É ato ilícito, que gera dever de ressarcir o dano causado.

Marco Aurélio Greco, por seu turno, registra[117]:

> O Código Civil de 2002 traz também alterações no âmbito do abuso do direito. Com efeito, ao definir os atos ilícitos do Código incluí um dispositivo sobre abuso de direito como hipótese de ilicitude (artigo 187).

[115] AMARO, Luciano. **Direito tributário brasileiro**. 16ª edição. São Paulo: Saraiva, 2010, p. 256.
[116] DINIZ, Maria Helena. **Dicionário jurídico**. 1º volume, São Paulo: Saraiva, 1998, p.32.
[117] GRECO, Marco Aurélio. **Planejamento Tributário**. São Paulo: Dialética, 2004, p.472.

> Isso implica, a partir do Código Civil, o abuso de direito configurar indiscutivelmente ato ilícito, e, portanto, neste caso não estaremos mais falando de planejamento e elisão tributária, pois termos desgarrado para a evasão.

Neste ponto, salienta-se os diversos posicionamento contrários à aplicação de conceitos advindos do direito civil, ou seja, que sejam aplicáveis às relações entre os particulares, nas relações pública, entre contribuinte e estado. Nesse sentido Alberto Xavier[118]:

> Sucede, porém, que as relações entre indivíduo e Estado não são relações paritárias, situadas horizontalmente no mesmo plano, nem o Estado é titular de direito subjetivos suscetíveis de serem lesados pelo exercício de direito dos particulares. As relações entre indivíduo e Estado são relações entre 'administrados' e titulares de poderes de autoridade, sendo por conseguintes relações, não entre direito subjetivos, mas entre liberdades e competências ou poderes funcionais.

Além disso, em face dos atos ilícitos descritos no Código Civil cabe a reparação civil, visto que conforme colocado por Maria Helena Diniz[119] o ato causa prejuízo a outrem. No entanto, o Estado não possui o direito subjetivo de receber tributo, de modo que a redução da carga tributária não pode ser considerada como um ilícito passível de ressarcimento.

Por fim, destaca-se que, os conceitos de abuso de direito e abuso de formal são amplamente questionados, em vista de sua alta carga de subjetividade, bem como em razão da violação do direito à autocomposição e a livre inciativa dos contribuintes. Nessa linha, merece destaque a seguinte lição[120]:

> Veja-se que o foco do problema não é a legalidade (licitude) da forma, mas a 'normalidade', o que o fere, frontalmente, os postulados da certeza e da segurança do direito. Sempre que determinada fosse adotada pelo contribuinte para implementar certo negócio ele teria que verificar se

[118] XAVIER, **Alberto. Tipicidade da tributação, simulação e norma antielisão**. São Paulo: Dialética, 2002, pp. 105-109.

[119] DINIZ, Maria Helena. **Dicionário jurídico**. 1º volume, São Paulo: Saraiva, 1998, p. 32.

[120] AMARO, Luciano. **Direito tributário brasileiro**. 16ª edição. São Paulo: Saraiva, 2010, p. 257.

aquele modelo é o que mais frequentemente se usa para a realização daquele negócio; o critério jurídico seria substituído pelo critério estatístico, e as variadas formas que o direito criou para instrumentar as atividades econômicas dos indivíduos seriam reduzidas a uns poucos modelos que fossem 'validados' fiscalmente.

Ainda sobre o os questionamentos sobre as figuras do abuso de direito e do abuso de forma, Heleno Tavares Tôrres[121]:

> Para alguns, o abuso se caracteriza pela 'anormalidade' das formas empregadas pelo contribuinte. A esta orientação, desde logo surgiu a objeção sobre o que se deveria entender como 'prática normal', o que não é fácil de se identificar. O risco de se isolar as liberdades contratuais àquilo que o Estado julgasse conforme uma prática 'normal', instalando o conformismo de todos em relação aos tipos vigentes, postos pelo legislador, fez com que fosse duramente criticada. Outra corrente de pensamento via o conceito de 'anormalidade' como algo que se deveria colher a partir da substância ou não, de justificativa de motivos econômicos para a utilização de uma tal forma negocial para atingir as finalidades que se propões. Essa também foi criticada pelo excesso de subjetivismo sobre o emprego da forma 'anormal', 'atípica' ou 'inusual'. Outra corrente posterior, partindo dessa última, passou a exigir uma ausência de correspondência entre a forma exterior do ato jurídico, o seu conteúdo econômico típico e a real situação econômica posta em prática.

Não restam dúvidas, portanto, que o conceito de abuso de direito deve ser aplicado de maneira zelosa, visto que possui uma alta carga de subjetividade, bem como não está expressamente previsto entre as normas do direito tributário brasileiro.

7.4. Dolo, fraude e simulação

Embora comumente mencionados juntos, os conceitos de dolo, fraude e simulação são conceitos distintos e utilizados pelas autoridades fiscais,

[121] Tôrres, Heleno Tavares. **Direito tributário e o direito privado**. São Paulo: Revista dos Tribunais, 2003, p. 240.

em razão de expressas determinações legais, para desqualificar operações realizadas pelos contribuintes e cobrar tributos.

Tratam-se de vícios cometidos pelos contribuintes visando a redução ou a não incidência da tributação da tributação em uma determinada operação. Nesse sentido, Fabio Piovesan Bozza[122]:

> No contexto do CTN, portanto, a expressão 'dolo, fraudo e simulação' refere-se a um conjunto de vícios produzidos intencionalmente pelo contribuinte que, de má-fé, cria uma situação falsa ou de mera aparência e inebria o julgamento do Fisco sobre uma relação tributária já existente, de modo a eliminá-la, reduzi-la ou postergá-la.

Para analisar os referidos conceitos, faz-se necessário o auxílio dos conceitos do direito privado, inclusive em razão da impossibilidade das normas tributárias alterarem os conceitos já definidos no direito privado, a teor do disposto no artigo 110 do Código Tributário Nacional.

> Artigo 110. A lei tributária não pode alterar a definição, o conteúdo e o alcance de institutos, conceitos e formas de direito privado, utilizados, expressa ou implicitamente, pela Constituição Federal, pelas Constituições dos Estados, ou pelas Leis Orgânicas do Distrito Federal ou dos Municípios, para definir ou limitar competências tributárias.

A esse respeito Eduardo Sabbag[123] registra:

> Os elementos de direito privado podem ocorrer na seara tributária, no entanto, o interprete, no trabalho de bem entende-los quando incorporados no plexo de normas atinentes ao Direito Tributário, há de ingressar na seara jurídica privatistica e de lá extrair a concepção originária. Ainda que de lá provenham, tal imigração não descaracteriza a sua essência, uma vez que continuam sendo institutos, conceitos e forma de puro direito privado (...) Quer-se dizer que ao atos jurídicos praticados pelos contribuintes e referentes a institutos do direito privado, v.g., uma

[122] Bozza, Fabio Piovesan. **Planejamento tributário e autonomia privada -serie doutrina tributária v. XV**. São Paulo: Quartier Latin,2015, p.199.

[123] Sabbag, Eduardo. **Manual de direito tributário**. 3ª edição. São Paulo: Saraiva, 2011, p. 655-659.

> doação de bens (campo de incidência do ITCMD) , serão conceituados de modo natural pela ciência privatistiça. O artigo [110 do CTN] reflete a obediência que deve ter o interprete à hierarquia das leis.

Pois bem, seguindo a hierarquia das normas, o Código Civil, em seu artigo 167, aduz que serão nulos os negócios jurídicos simulados e elenca em quais situação os negócios jurídicos serão considerados simulados.

> Artigo 167. É nulo o negócio jurídico simulado, mas subsistirá o que se dissimulou, se válido for na substância e na forma.
>
> § 1º Haverá simulação nos negócios jurídicos quando:
>
> I — aparentarem conferir ou transmitir direitos a pessoas diversas daquelas às quais realmente se conferem, ou transmitem;
>
> II — contiverem declaração, confissão, condição ou cláusula não verdadeira;
>
> III — os instrumentos particulares forem antedatados, ou pós-datados.
>
> § 2º Ressalvam-se os direitos de terceiros de boa-fé em face dos contraentes do negócio jurídico simulado.

Considerando o disposto no artigo 167 do Código Civil, chaga-se a conclusão que serão considerados negócios jurídicos simulados aqueles que contiverem objetivos e informações distintos da realidade, ou seja, quando observado uma distinção entre a prática e a declaração.

Para Silvio Venosa[124], os negócios jurídicos simulados são aqueles em que:

> Trata-se de declaração enganosa de vontade. Desse modo, a característica principal do negócio simulado é a divergência entre o intencional entre a vontade e a declaração. Há na verdade, oposição entre o pretendido e o declarado. As partes desejam mera aparência do negócio d criam a ilusão de existência. Os contratantes pretendem criar aparência de um ato, para assim surgir aos olhos de terceiros. A disparidade entre o desejado manifestado é o produto da deliberação dos contratantes.

[124] VENOSA, Silvio de Salvo. **Direito Civil: parte geral.** 11ª edição. São Paulo: Atlas, 2011, p. 519.

Em outras palavras, conforme dispõe Washington Monteiro[125], três são as características da simulação: (i) declaração bilateral de vontade; (ii) não correspondência com a intenção das partes; (iii) ilusão de terceiros.

Amparado pelas definições trazidas pelo direito privado, Alberto Xavier[126] aborda a simulação no âmbito do direito tributário:

> A simulação é um caso de divergência entre a vontade (vontade real) e a declaração (vontade declarada), procedente de acordo entre o declarante e o declaratório e determinada pelo intuito de enganar terceiros. Os seus elementos são, pois: (i) a intencionalidade de divergência entre a vontade e a declaração; (ii) o acordo simulatório (*pactum simulationis*); (iii) o intuito de enganar terceiros. (..) A simulação é aquela que ocorre quando a finalidade consiste em prejudicar o fisco, enquanto terceiro na operação.

Com base nas disposições doutrinária civilista e tributárias é possível extrair que os negócios jurídicos simulados são aqueles que apresentam falsa percepção da realidade, de maneira a iludir as autoridades tributárias, com o fim de reduzir a carga tributária da operação.

A fraude, por sua vez, tem como principal propósito distorcer a realidade, de tal maneira a esconder as ações praticadas com o intuito de não cumprir a lei tributária. Trata-se de uma contravenção às normas tributária para se evitar o pagamento de tributos.

Conforme mencionado anteriormente, a teor do disposto no artigo 110 do Código Tributário Nacional, as normas tributárias não podem alterar o significado dos institutos previsto no direito privado. Nesse sentido, veja o que dispõe o civilista Sílvio Rodrigues[127] a respeito da fraude.

> Age em fraude à lei a pessoa que, para burlar princípio cogente, usa de procedimento aparentemente lícito. Ela altera deliberadamente a situação de fato em que se encontra, pra fugir à incidência da norma. O su-

[125] MONTEIRO, Washington de Barros. **Curso de direito civil: parte geral v.1**. 39ª edição. São Paulo: Saraiva, 2003, p. 249.

[126] XAVIER, Alberto. **Tipicidade da tributação, simulação e norma antielisão**. São Paulo: Dialética, 2002, p.53.

[127] RODRIGUES, Silvio. **Fraude à lei. Enciclopédia Saraiva de direito v.38**. São Paulo: Saraiva, 1977, p.307.

jeito coloca-se simultaneamente em uma situação que a lei não o atinge, procurando livrar-se de seus efeitos.

No ordenamento jurídico tributário, o conceito de fraude está expressamente descrito no artigo 72 da Lei nº 4.502/64, que aborda o imposto de consumo, que assim dispõe:

> Art .72. Fraude é toda ação ou omissão dolosa tendente a impedir ou retardar, total ou parcialmente, a ocorrência do fato gerador da obrigação tributária principal, ou a excluir ou modificar as suas características essenciais, de modo a reduzir o montante do imposto devido a evitar ou diferir o seu pagamento.

Com base na disposição acima, é possível se inferir que para o direito tributário, fraude é a conduta que visa suprimir o pagamento do tributo através do impedimento da ocorrência fato gerador, ou reduzir o montante a ser pago através das alterações das situações que geram o fato gerador.

Para Miguel Gutierrez[128], a fraude consiste em:

> O ato em fraude à lei consiste numa violação indireta, insidiosa da lei, não quanto ao seu conteúdo literal, mas quanto ao seu espírito. Aquele que age em fraude à lei dá ilusão de que observa as palavras da lei, mas na verdade as infringe ao ir de encontro ao sentido que as ditou, frustrando a finalidade a que tendia o princípio jurídico.

Em outras palavras, a fraude, ao contrário da simulação tem como principal objetivo esconder/ iludir as autoridades fiscais com relação a licitude dos negócios jurídicos praticado, e não a omissão da vontade real. Nesse sentido, Miguel Delgado Gutierrez[129]:

> Porém, a fraude à lei difere da simulação, ainda que elas possam encontrar-se simultaneamente no mesmo ato jurídico. Com efeito, a fraude

[128] GUTIERREZ, Miguel Delgado. **Planejamento tributário: elisão e evasão fiscal.** São Paulo: Quartier Latin, 2006, p.187.

[129] GUTIERREZ, Miguel Delgado. **Planejamento tributário: elisão e evasão fiscal.** São Paulo: Quartier Latin, 2006, p.190.

> à lei pode realizar-se por meio de atos simulados, com que oculte uma violação da lei ou sem que ocorra simulação. Assim, não se pode confundir a simulação com fraude a lei, nem afirmar que uma dessas situações necessariamente exclui a outra.
> Uma diferença marcante entre o negócio relativamente simulado e o ato em fraude à lei é que, no primeiro, vale o ato dissimulado, caso reúna as condições prescritas em lei para sua eficácia, enquanto na fraude à lei, o ato oculto não prevalece jamais por ser proibido.

Importante ressaltar, que o Código Civil dispõe que serão considerados nulos os negócios jurídicos que forem praticados em fraude à lei. A esse respeito, Fábio Piovesan Bozza[130]:

> No CC/2002, a proibição da realização de negócio em fraude à lei encontre-se disposta no artigo 166, inciso VI, segundo o qual é nulo o negócio jurídico quanto tiver por objetivo fraudar a lei imperativa.

Além disso, como é possível se denotar do Código Civil, os negócios jurídicos serão inválidos quando não preencherem as formas prescritas ou defesas na legislação. Em outras palavras, para que negócios jurídicos sejam legais, é preciso que estes não violem a legislação.

Portanto, fraude no direito tributário deve ser entendida como uma conduta ilícita que visa ocultar a ocorrência do fato gerador com o ânimo de reduzir ou afastar a tributação, através de uma declaração distinta da realidade.

Por fim, temos a figura do dolo. Trata-se também de um conceito emprestado do direito privado, sendo entendido como um artifício utilizado para enganar um terceiro, com o objetivo de levá-lo a praticar um ato.

Salienta-se que, os institutos do dolo e da simulação embora sejam semelhantes, possuem diferenças claras. A esse respeito, Fábio Piovesan Bozza[131]:

[130] BOZZA, Fabio Piovesan. **Planejamento tributário e autonomia privada -serie doutrina tributaria v. XV**. São Paulo: Quartier Latin,2015, p. 188.

[131] BOZZA, Fabio Piovesan. **Planejamento tributário e autonomia privada -serie doutrina tributaria v. XV.** São Paulo: Quartier Latin,2015, p. 174.

> As deferências entre o dolo e a simulação são evidentes. Enquanto no dolo pretende-se enganar um dos contratantes, na simulação há o conluio entre ambas as partes para enganar terceiros. O dolo é vício de consentimento, apenado com anulabilidade do ato; a simulação é vício social, sujeita à nulidade.

Há ainda, diferença entre os institutos do dolo e da fraude, veja o que dispõe Álvaro Villaça Azevedo[132]:

> O dolo em sentido mais estrito, é o comportamento malicioso para causar dano a outrem, ou a particular qualificação do engano, constituindo a mais específica e extrema aplicação do conceito de engano, contrapondo-se ao estado genérico da má-fé.

Assim, não restam dúvidas de que o dolo, é a conduta praticada de maneira consciente pelo contribuinte com o intuito de praticar um ato, de modo geral ilícito, que enseje o afastamento da ocorrência do fato gerador e, por conseguinte a redução da carga tributária de uma determinada operação.

7.5. Norma anti-elisiva

A Lei Complementar nº 104 de 10 de janeiro de 2001, fez inúmeras alterações Código Tributário Nacional, dentre elas a inclusão do parágrafo único do artigo 116, com o objetivo de trazer ao sistema jurídico tributário normas gerias anti-elisivas. Veja o que dispõe o referido artigo.

> Artigo 116. Salvo disposição de lei em contrário, considera-se ocorrido o fato gerador e existentes os seus efeitos:
> I — tratando-se de situação de fato, desde o momento em que o se verifiquem as circunstâncias materiais necessárias a que produza os efeitos que normalmente lhe são próprios;
> II — tratando-se de situação jurídica, desde o momento em que esteja definitivamente constituída, nos termos de direito aplicável.
>
> Parágrafo único. A autoridade administrativa poderá desconsiderar atos ou negócios jurídicos praticados com a finalidade de dissimular a ocor-

132 AZEVEDO, Álvaro Villaça. **Código Civil Comentado. Negócio jurídico, atos jurídicos lícitos, atos ilícitos, v.II**. São Paulo: Atlas, 2003, p. 203.

> rência do fato gerador do tributo ou a natureza dos elementos constitutivos da obrigação tributária, observados os procedimentos a serem estabelecidos em lei ordinária.

Como é possível se verificar no anteprojeto da Lei Complementar nº 104/2001, o parágrafo único do artigo 116 do Código Tributário Nacional foi incluído pela seguinte razão[133]:

> A inclusão do parágrafo único do artigo 116 faz-se necessária para estabelecer, no âmbito da legislação brasileira, norma que permita à autoridade tributária desconsiderar atos ou negócios jurídicos praticados com a finalidade de elisão, constituindo-se, dessa forma, em instrumento eficaz para o combate aos procedimentos de planejamento tributários adotados com abuso de forma ou de direito.

Em outras palavras, como é possível se extrair da leitura do parágrafo único e do anteprojeto da Lei Complementar, a alteração introduzida no Código Tributário Nacional possibilita que a administração fazendária desconsidere os negócios jurídicos praticados com a finalidade de dissimular a ocorrência do fato gerador.

Pois bem, no Código Tributário Nacional o artigo 116 está disposto no título de obrigação tributária e no capítulo de fato gerador, de tal modo que a conclusão lógica é de que a norma anti-elisiva só pode ser aplicada a situações de fato, ou seja, quando houver a efetiva ocorrência do fato gerador. A esse refeito, Marco Aurélio Greco[134]:

> Se, e apenas se, a situação de fato ou de direito descrita na lei tiver ocorrido efetivamente, é que o dispositivo terá aplicação, pois, neste caso, terá havido fato gerador, incidindo a lei tributária, ainda que tal ocorrência esteja disfarçada, marcada, oculta, dissimulada etc.
>
> Em suma, legalidade e tipicidade (como 'substantivos') permanecem íntegras e, na medida em o parágrafo único se reporta a fato gerador ocorrido, será indispensável que a situação de ou de direito atenda, materialmente, aos requisitos do caput do próprio artigo 116, do qual a norma que autoriza a desconsideração do parágrafo.

[133] Câmara dos Deputados. PLP 77/1999. Disponível em < https://www.camara.leg.br/proposicoesWeb /fichadetramitacao?idProposicao=25745>, Acesso em 30/03/2020.

[134] Greco, Marco Aurélio. **Planejamento Tributário**. São Paulo: Dialética, 2004, p. 409.

Outro ponto importante a ser observado é que a Lei Complementar nº 104/2001, ao introduzir o parágrafo único no artigo 116, expressamente utilizou o termo dissimulação, de tal maneira que não se pode compreendê-lo como sinônimo de simulação.

> Além disso, o ordenamento positivo brasileiro utiliza o verbo 'dissimular' em sentido que não equivale a 'simulação'. Veja-se, neste ponto o artigo 1º da Lei federal nº 9.613/98 (Lei sobre lavagem de dinheiro) no qual a conduta criminosa é dissimular objetos, locais, origens etc., e não vontades ou motivos, como uma interpretação civilística poderia apontar (...)
> Em segundo lugar, porque o CTN, em vária oportunidade contempla a figura da simulação, o que indica que, ao prever o parágrafo único do artigo 116, a hipótese de 'dissimulação', está fazendo-o em sentido diverso daquele.[135]

Visto que o conceito de simulação e dissimulação não são sinônimos, faz-se importante para a verificação da aplicabilidade do parágrafo único do artigo 116 do Código Tributário Nacional, a definição do conceito de dissimulação.

A esse respeito, Marco Aurélio Greco Registra[136]:

> Porém, como exposto, o ponto central definidor da incidência da norma é a existência do fato gerador mascarado. Vale dizer, não basta existirem atos ou negócios que possam configura fraude à lei, abuso de direito ou negócio indireto em si; indispensável é que tenham por finalidade servir de meio de mascaramento da ocorrência do fato gerador. Sem isso não se configura o pressuposto da norma do parágrafo único do artigo 116 do CTN.
> O conceito de 'dissimular' circunscreve parcela da realidade definida a partir de um referencial (engano, mascaramento), enquanto fraude à lei, abuso de direito e negócio indireto circunscrevem parcelas da realidade a partir de outros referenciais. Em função disto, os conjuntos de casos abrangidos não podem ou não coincidir.

[135] Greco, Marco Aurélio. **Planejamento Tributário.** São Paulo: Dialética, 2004, p. 414-415.
[136] Greco, Marco Aurélio. **Planejamento Tributário.** São Paulo: Dialética, 2004, p. 415-416.

O termo dissimulação pode, portanto, ser definido como o ato de mascarar, disfarçar ou camuflar a ocorrência do fato gerador de uma obrigação tributária, podendo, ou não, coincidir com as figuras de fraude à lei e abuso de direito.

Outro ponto importante a se observar, é o parágrafo único do artigo 116 do Código Tributário Nacional estabelece que a desconsideração dos negócios jurídicos pela Autoridade Administrativas deve observar "*os procedimentos a serem estabelecidos em lei ordinária.*"

Nesse sentido, foi editada a Medida Provisória nº 66 de 29 de agosto de 2002, que entre os artigos 13 a 19 regulamentava a desconsideração dos negócios jurídicos pela Autoridade Administrativas.

Como é possível se observar na exposição de motivos, a Medida Provisória foi editada para atender a exigência imposto pelo próprio parágrafo único do artigo 116 do Código Tributário Nacional. Veja:

> Os arts. 13 a 19 dispõem sobre as hipóteses em que a autoridade administrativa, apenas para efeitos tributários, pode desconsiderar atos ou negócios jurídicos, ressalvadas as situações relacionadas com a prática de dolo, fraude ou simulação, para as quais a legislação tributária já oferece tratamento específico. O projeto identifica as hipóteses de atos ou negócios jurídicos que são passíveis de desconsideração, pois, embora, lícitos, buscam tratamento tributário favorecido e configuram abuso de forma ou falta de propósito negocial. Os conceitos adotados no projeto guardam consistência com os estabelecidos na legislação tributária de países, que desde algum tempo, disciplinam a elisão fiscal.

O artigo 14 da referida Medida Provisória aduz que para desconsideração de ato ou negócio jurídico é preciso que seja contata a existência de falta de propósito negocial ou abuso de forma. Os artigos 15 a 19, por sua vez, estabelecem os procedimentos para a desconsideração do ato ou negócio jurídico.

No entanto, a Medida Provisória ao tramitar pelo Congresso Nacional teve extraído de seu texto as normas anti-elisivas que autorizavam a desconsideração de atos e negócios jurídicos em razão da falta de propósito negocial ou abuso de forma.

Nesse contexto, não se pode dizer que a Lei nº 10.637 de 30 de dezembro de 2002, conversão da Medida Provisória nº 104/2002, pode ser considerada como a lei ordinária requerida pelo parágrafo único do artigo 116 do Código Tributário Nacional, de tal sorte, que a até os dias atuais inexiste lei ordinária que regulamente o assunto.

Assim, não restam dúvida que a norma anti-elisiva prevista no parágrafo único do artigo 116 do Código Tributário Nacional, não é aplicável aos atos e negócios jurídicos por falta de regulamentação. Além disso, as desconsiderações realizadas pelas Autoridade Administrativas com fundamento na falta de propósito negocial ou abuso de forma não possuem amparo legal.

8. POSSÍVEIS ALTERAÇÕES LEGISLATIVAS E SEUS IMPACTOS NA GESTÃO PATRIMONIAL

8.1. Processo legislativo

Antes de se analisar os projetos de lei e os projetos de reforma tributária que poderão impactar de forma significativa o sistema tributário e, portanto, influenciar os aspectos tributários na gestão patrimonial, é preciso se compreender como se dá o processo legislativo no ordenamento jurídico brasileiro.

De modo geral, conforme dispõe Pedro Lenza[137], o processo legislativo é composto de três fases denominadas iniciativa, constitutiva e complementar.

Segundo Alexandre de Moraes[138], "iniciativa de lei é a faculdade que se atribui a alguém ou a algum órgão para apresentar projetos de lei ao Legislativo, podendo ser parlamentar ou extraparlamentar, concorrente ou exclusiva".

Nos termos do artigo 61 da Constituição Federal, podem apresentar projetos de lei membro ou Comissão da Câmara dos Deputados, do Senado Federal ou do Congresso Nacional, ao Presidente da República,

[137] Lenza, Pedro. **Direito constitucional esquematizado**. 16 edição. São Paulo: Saraiva, 2012, p. 546.

[138] Moraes, Alexandre de. Direito **Constitucional**. 21 edição. São Paulo: Jurídico Atlas, 2006, p. 620.

ao Supremo Tribunal Federal, aos Tribunais Superiores, ao Procurador--Geral da República e aos cidadãos.

Após a apresentação do projeto de lei, perante a Câmara do Deputados ou do Senado Federal, têm-se a fase constitutiva, onde ocorrerão as deliberações parlamentares e a deliberação executiva.

Os projetos de lei serão analisados por comissões temáticas, que analisarão o texto legislativo, posteriormente será analisado pela Comissão de Constituição e Justiça que analisará os aspectos constitucionais da norma, e, por fim, será analisado pela Comissão de Finanças e Tributação.

> Nesse caso, o projeto deve, inicialmente, ser examinado pelas Comissões, que são órgãos especializados por área, com um número reduzido de parlamentares. Ao analisar o projeto, a Comissão fará um parecer dizendo se ele deve ser aprovado, com ou sem modificações, ou rejeitado, haja vista o que diz a Constituição Federal sobre o assunto, se há dinheiro para que a medida seja executada, se a ideia é meritória ou se já há lei tratando do mesmo assunto.[139]

Pois bem, tendo o projeto de lei sido aprovado na casa iniciadora, o processo será remetido para a casa revisora. Ao chegar na casa revisora, o projeto também será analisado por comissões, podendo ser aprovado, emendado ou rejeitado.

Importante ressaltar que, quando houver emendas ao projeto de lei pela casa revisora, o projeto será encaminhado para a casa iniciadora para que sejam apreciadas as modificações introduzidas. A esse respeito, veja o que dispõe o site do Senado Federal:

> Quando a feitura da lei couber ao Congresso Nacional, que é formado pela Câmara dos Deputados e pelo Senado Federal, o projeto que for apresentado inicialmente em uma dessas Casas, sendo aí aprovado, será encaminhado à outra Casa — chamada de Casa revisora — para que os seus integrantes (Senadores ou Deputados) decidam se devem também aprová-lo, com ou sem modificações. Se houver modificação, o projeto retornará à Casa onde ocorreu a sua apresentação inicial, para que os

[139] Senado Federal. **Como são feitas as leis**. Disponível em <https://www12.senado.leg.br/jovemsenador/home/paginas/como-sao-feitas-as-leis>. Acesso em 30/03/2020.

seus membros decidam se aceitam ou não a modificação introduzida pela Casa revisora.[140]

Tendo o projeto de lei sido aprovado pelas duas casas, iniciadora e revisora, este será encaminhada para a deliberação executiva. E outras palavras, recebendo o projeto de lei, o Presidente da República, chefe do poder executivo, poderá sancionar ou vetar o projeto de lei.

Sobre a deliberação executiva dispõe Alexandre de Moraes[141]:

> Após o término da deliberação parlamentar, o projeto de lei aprovado pelo Congresso Nacional é remetido ã deliberação executiva, onde será analisado pelo Presidente da República, podendo este vetá-lo ou sancioná-lo. O exercício da sanção ou veto do Presidente da República incidirá sobre o texto formalmente consubstanciado no autógrafo, que deve retratar fielmente o projeto aprovado pelo Congresso Nacional.

Por fim, após a aprovação pelo Congresso Nacional e a sanção pelo Presidente da República, tem-se a fase complementar. Em outras palavras, a lei sancionada só será válida após a sua promulgação e publicação.

8.2. Projetos de reforma tributária

Visto como funciona o processo legislativo no Brasil, é de suma importância se analisar os projetos de reforma tributária que estão sendo discutidos, em razão das alterações que serão introduzidas no ordenamento jurídico brasileiro, bem como os possíveis impactos na gestão patrimonial dos contribuintes.

Atualmente[142] existem três projetos de reforma tributária já propostos e há ainda, um projeto do Poder Executivo que não está amparado por texto legislativo. Os três projetos de reforma tributária são: (i) Câmara

[140] Senado Federal. **Como são feitas as leis.** Disponível em <https://www12.senado.leg.br/jovemsenador/home/paginas/como-sao-feitas-as-leis>. Acesso em 30/03/2020.

[141] Moraes, Alexandre de. **Direito Constitucional**. 21 edição. São Paulo: Jurídico Atlas, 2006, p. 631.

[142] Até a entrega deste trabalho, o Ministro da Economia não havia entregue à Câmara dos Deputados a segunda etapa do projeto de reforma tributária. O Projeto de Lei n. 2.337/2021 propõe mudanças no Imposto de Renda para as pessoas físicas, empresas e investimentos financeiros.

dos Deputados, PEC 45; (ii) Senado Federal, PEC 110; e (iii) Estados, emenda à PEC 45.

Em linhas gerais, todos os projetos visam a criação de um imposto único para a tributação do consumo. Note-se que os projetos visam além de simplificação do modelo de arrecadação atual, diminuir a guerra fiscal entre Estados e Municípios.

O projeto da Câmara dos Deputados visa a criação do Imposto sobre Bens e Serviços (IBS), o qual unificará as contribuições ao PIS e à COFINS, do IPI, ICMS e ISS. Além disso a seletividade do imposto incidirá sobre bens e serviços geradores de externalidades negativas.

O projeto do Senado Federal também visa a criação do Imposto sobre Bens e Serviços (IBS), no entanto unificará as contribuições ao PIS, à COFINS e ao Salário Educação, do IPI, ICMS e ISS. Além disso a seletividade do imposto incidirá somente sobre fumo, bebidas, energia elétrica, telecomunicação, combustíveis e automóveis. Ainda, o projeto visa unificar a arrecadação do IRPJ e da CSLL, bem como transferir a arrecadação do ITCMD para a União e transferir as receitas do ITCMD e do IPVA para os Municípios.

Por fim, o projeto dos Estados, desdobramento do projeto da Câmara dos Deputados visa a criação do Imposto sobre Bens e Serviços (IBS), o qual unificará a Contribuição ao PIS e a COFINS, do IPI, ICMS e ISS, no entanto, a seletividade do imposto recairá somente sobre fumo, bebidas alcoólicas, armas e munições.

Oportunamente, destaca-se que todos os projetos de reforma tributária possuem um período de transição entre os sistemas. Enquanto no projeto da Câmara dos Deputados e dos Estados o período de transição será de 10 (dez) anos, sendo 2 (dois) anos de teste e 8 (oito) anos de transição, o projeto do Senado Federal prevê um período de transição de 5 (cinco) anos, sendo 1 (um) de teste e 4 (quatro) de transição.

Como é possível se observar das propostas descritas acima, em princípio, somente o projeto do Senado Federal poderá impactar nos aspectos tributários da gestão patrimonial analisados anteriormente, uma vez que poderá haver uma mudança na alíquota e/ou na base de cálculo do ITCMD.

8.3. Projetos de lei para a tributação de dividendos

A tributação dos dividendos sempre foi a regra no ordenamento jurídico brasileiro, tendo a tributação sido instituída em 1922, ou seja, em concomitância com a instituição do próprio imposto de renda, e sido extinta no ano de 1995.

No ano de 1995 foi promulgada a Lei nº 9.249 que isentou a tributação dos dividendos. Segundo a exposição de motivos do projeto de lei que deu origem à Lei em questão, referida reforma se deu com o objetivo de integração entre as pessoas físicas e jurídicas, sendo a tributação dos lucros realizada "*exclusivamente na empresa e isentando-os quando do recebimento pelos beneficiários*".

Desde a promulgação da Lei nº 9.249/1995 até os dias atuais os lucros são tributados exclusivamente nas empresas sendo os beneficiários desonerados da tributação. No entanto, existem ao menos 4 (quatro) Projetos de Lei em trâmite no Congresso Nacional (Senado Federal e Câmara dos Deputados), quais sejam PL 1.485/2015, PL 588/2015, PL 7.409/2017 e PL 1.952/2019.

O Projeto de Lei 1.485/2015, propõe que o artigo 10 da Lei nº 9.249/1995 passe a vigorar com as seguintes modificações:

> Artigo 10. Os lucros e dividendos pagos ou creditados pelas pessoas jurídicas tributadas com base no lucro real, presumido ou arbitrado, que beneficie pessoa jurídica ou física, domiciliados no país ou no exterior integrarão a base de cálculo do imposto de renda do beneficiário.
>
> § 1º A pessoa jurídica residente ou domiciliada no Brasil que pagar o creditar lucros e dividendos a pessoa física residente no País ou a pessoa física ou jurídica residente no exterior, fica responsável pela retenção e recolhimento, na data do pagamento ou crédito, do imposto a que se refere o caput à alíquota de 15% (quinze por cento), incidente exclusivamente na fonte.
>
> § 2º A distribuição de quotas ou ações em decorrência de aumento de capital por incorporação de lucros apurados ou de reservas constituídas com esses lucros não sofrerão tributação do imposto sobre a renda na forma deste artigo, ressalvado o ganho de capital quando de sua alienação.
>
> § 3º O disposto no § 2º não se aplica se a pessoa jurídica, nos 5 (cinco) anos anteriores à data da incorporação de lucros ou reservas ao capital, restituir capital aos sócios ou ao titular, mediante redução do capital

> social; neste caso, o montante dos lucros ou reservas capitalizados será considerado, até o montante da redução do capital, como lucro ou dividendo distribuído, sujeito, na forma dos parágrafos anteriores, à tributação na fonte ou na declaração de rendimentos, como rendimento dos sócios.
> § 4º Se a pessoa jurídica, dentro dos 5 (cinco) anos subsequentes à data da incorporação de lucros ou reservas, restituir capital social aos sócios ou ao titular, mediante redução do capital social ou, em caso de liquidação, sob a forma de partilha do acervo líquido, o capital restituído considerar-se-á lucro ou dividendo distribuído, sujeito à tributação na forma dos parágrafos anteriores.
> § 5º À distribuição, pagamento, crédito, entrega, emprego ou remessa de juros sobre o capital próprio aplicam-se as regras relativas à tributação de lucros e dividendos.

Segundo a justificativa, o referido projeto de lei "visa corrigir uma distorção na justiça distributiva aplicada ao Sistema Tributário Nacional", retirando-se a isenção concedida as pessoas físicas, visto que entre os anos de 2006 a 2012 houve um aumento em torno de 65% dos rendimentos isentos e não tributáveis no país.

O Projeto de Lei 588/2015, por sua vez, propõe que o artigo 10 da Lei nº 9.249/1995 passe a vigorar com as seguintes modificações:

> Artigo 10. Os lucros ou dividendos calculados com base nos resultados apurados a partir do mês de janeiro de 2016, pagos ou creditados pelas pessoas jurídicas tributadas com base no lucro real, presumido ou arbitrado, deverão:
> I — estar sujeitos à incidência do Imposto sobre a Renda Retido na Fonte (IRRF) calculado à alíquota de 15% (quinze por cento) a título de antecipação e integrar a base de cálculo do Imposto sobre a Renda na Declaração de Ajuste Anual do ano-calendário do recebimento, no caso de o beneficiário ser pessoa física residente no País;
> II — ser computados na base de cálculo do Imposto sobre a Renda e da Contribuição Social sobre o Lucro Líquido (CSLL), no caso de o beneficiário ser pessoa jurídica domiciliada no País;
> III — estar sujeitos à incidência do IRRF calculado à alíquota prevista na alínea "a" do artigo 97 do Decreto-Lei nº 5.844, de 23 de setembro de 1943, no caso de o beneficiário ser residente ou domiciliado no exterior;

> IV — estar sujeitos à incidência do IRRF calculado à alíquota prevista no artigo 8º da Lei nº 9.779, de 19 de janeiro de 1999, no caso de o beneficiário ser residente ou domiciliado em país ou dependência com tributação favorecida que se refere o artigo 24 da Lei nº 9.430, de 27 de dezembro de 1996.
>
> § 1º No caso de quotas ou ações distribuídas em decorrência de aumento de capital por incorporação de lucros apurados ou de reservas constituídas com esses lucros, o custo de aquisição será igual à parcela do lucro ou reserva capitalizado, que corresponder ao sócio ou acionista.
>
> § 2º Não são dedutíveis na apuração do lucro real e da base de cálculo da Contribuição Social sobre o Lucro Líquido, os lucros ou dividendos pagos ou creditados a beneficiários de qualquer espécie de ação prevista na Lei nº 6.404, de 15 de dezembro de 1976, ainda que classificados como despesa financeira na escrituração comercial.
>
> § 3º As pessoas jurídicas que auferiram, em cada ano-calendário, até o limite superior da receita bruta fixada no inciso II do artigo 3º da Lei Complementar nº 123, de 14 de dezembro de 2006, com redação dada pela Lei Complementar nº 139, de 10 de novembro de 2011, não integrarão a base de cálculo do imposto referido no caput.

A justificativa do projeto de lei em referência possui caráter social, visto que aduz que *"trabalhadores estão submetidos à tabela do Imposto de Renda de Pessoa Física, empresários são isentos quando recebem rendimentos a título de lucros e dividendos"*. Em outras palavras, o referido projeto de lei pretende reduzir as desigualdades sociais através da tributação dos dividendos.

O Projeto de Lei 7.409/2017 propõe a alteração da "tributação de lucros e dividendos e revoga a possibilidade de dedução de juros sobre capital próprio para fins de apuração de imposto de renda". Nos termos do referido projeto, o artigo 10 da Lei nº 9.249/1995 terá a seguinte redação:

> Artigo 10. Os lucros e dividendos pagos ou creditados pelas pessoas jurídicas tributadas com base no lucro real, presumido ou arbitrado a beneficiário pessoa jurídica ou física, domiciliada no País ou no exterior, integrarão a base de cálculo do imposto de renda.
>
> ....
>
> § 2º A incidência prevista no caput deste artigo inclui os lucros ou dividendos pagos ou creditados a beneficiários de todas as espécies de ações

> previstas no artigo 15 da Lei nº 6.404, de 15 de dezembro de 1976, ainda que a ação seja classificada em conta de passivo ou que a remuneração seja classificada como despesa financeira na escrituração comercial.
>
> ....
>
> § 4º Não integrarão a base de cálculo do imposto referido no caput deste artigo os lucros e dividendos pagos ou creditados por pessoas jurídicas que tenham auferido, em cada ano-calendário, receita bruta inferior ao limite superior de receita bruta de que trata o inciso II do artigo 3º da Lei Complementar nº 123, de 14 de dezembro de 2006.

A justificativa do referido projeto, assim como o anterior, também possui um caráter social vez que visa combate a desigualdade na distribuição da renda. Além disso, o referido projeto visa reforçar "a arrecadação tributária federal, o que seria extremamente positivo para reduzir déficits orçamentários e conter aumentos da dívida pública".

Por fim, o Projeto de Lei 1.952/2019, propõe que o artigo 10 da Lei nº 9.249/1995 passe a vigorar com a seguinte redação:

> Artigo 10. Os lucros ou dividendos calculados com base nos resultados apurados a partir do mês de janeiro de 2019, pagos ou creditados pelas pessoas jurídicas tributadas com base no lucro real, presumido, arbitrado ou submetidas ao Regime Especial Unificado de Arrecadação de Tributos e Contribuições devidos pelas Microempresas e Empresas de Pequeno Porte (Simples Nacional), estarão sujeitos à incidência do Imposto sobre a Renda Retido na Fonte (IRRF), calculado à alíquota de 15% (quinze por cento).
>
> § 1º No caso de o beneficiário ser pessoa jurídica, o imposto será considerado:
>
> I — antecipação do devido pela pessoa jurídica beneficiária tributada como base no lucro real, admitida a compensação com o imposto retido por ocasião do pagamento ou crédito de lucros ou dividendos a seu titular, sócios ou acionistas;
>
> II — tributação definitiva, nos demais casos.
>
> § 2º No caso de o beneficiário ser pessoa física, o imposto será considerado, a critério do beneficiário:
>
> I — tributação definitiva, ou
>
> II — integrará a base de cálculo do imposto devido na Declaração de Ajuste Anual.

§ 3º Os lucros ou dividendos a que se refere o caput, no caso de o beneficiário ser residente ou domiciliado em país ou dependência com tributação favorecida ou ser beneficiário de regime fiscal privilegiado, nos termos dos arts. 24 e 24-A da Lei nº 9.430, de 27 de dezembro de 1996, estarão sujeitos à incidência do IRRF calculado à alíquota prevista no artigo 8º da Lei nº 9.779, de 19 de janeiro de 1999.

§ 4º No caso de quotas ou ações distribuídas em decorrência de aumento de capital por incorporação de lucros apurados ou de reservas constituídas com esses lucros, o custo de aquisição será igual à parcela do lucro ou reserva capitalizado, que corresponder ao sócio ou acionista.

§ 5º Não são dedutíveis na apuração do lucro real nem da base de cálculo da Contribuição Social sobre o Lucro Líquido (CSLL) os lucros ou dividendos pagos ou creditados a beneficiários de qualquer espécie de ação prevista na Lei nº 6.404, de 15 de dezembro de 1976, ainda que classificados como despesa financeira na escrituração comercial.

O referido projeto de lei também possui uma justificativa social, pretende ampliar a faixa de isenção do Imposto de Renda das Pessoas Físicas e "*para compensar a renúncia fiscal relativa ao alargamento da faixa de isenção, propomos a modificação de uma regra que prejudica a progressividade do Imposto sobre a Renda*".

Importante destacar que, na hipótese de a tributação de dividendos ser aprovada, todas as estruturas societárias criadas como forma de gerir o patrimônio deverão ser revistas, para que se verifique a eficiência econômica da estrutura. Além disso, como é possível se denotar dos projetos de lei e de suas justificativas, não se vislumbra a redução da carga tributária das empresas.

CONCLUSÕES

Para se analisar os aspectos tributários da gestão patrimonial, também conhecida como *wealth memagement*, foi preciso primeiro entender o que é gestão patrimonial e a sua importância/ relevância nas atuais circunstâncias em que o país se encontra.

Além disso, para se compreender melhor os aspectos tributários da gestão patrimonial e como estes são aplicados em diferentes estruturas societárias, foi preciso analisar os aspectos gerias dos impostos que de maneira geral sempre são vistos nas reestruturações patrimoniais, quais sejam imposto sobre a renda e proventos de qualquer natureza (IR), imposto sobre a transmissão *causa mortis* e doações de quaisquer bens e direitos (ITCMD) e Imposto sobre a transmissão *inter vivos*, a qualquer título, por ato oneroso, de bens imóveis, por natureza ou acessão física, e de direitos reais sobre imóveis, exceto os de garantia (ITBI).

Foram analisadas duas estruturas societárias e uma espécie contratual, suas principais características e suas regras específicas de tributação.

Como foi possível se observar as *holdings* utilizadas para a gestão dos bens imóveis é tributariamente mais eficiente, do que a gestão feita pela própria pessoa física. A relevância do *trust*, por sua vez, encontra-se na ausência de incidência de IR por ocasião do recebimento dos proventos descritos em contrato e na ausência de incidência ITBI na transmissão de bens. Por fim, viu-se a vantagem da organização em fundos de investimentos, visto que as carteiras são isentas de imposto de renda.

No entanto, a questão sensível dos aspectos tributários da gestão patrimonial reside na impossibilidade de mensuração de riscos por parte dos contribuintes, em razão da falta de segurança jurídica para a adoção das mencionadas estruturas.

Conforme mencionado, o termo planejamento tributário tem ganho uma carga semântica negativa, devido a adoção irracional, importação de conceitos do direito privado, para a desconsideração de negócios jurídicos, como evasão fiscal, propósito negocial, abuso de direito, fraude, dolo e simulação.

Outra questão que merece atenção quando se fala em aspectos tributários na gestão patrimonial é a existências de projetos de reforma tributária, projeto de lei para a tributação de dividendos e projetos de lei em geral que podem alterar substancialmente a eficiência econômica de uma estrutura adotada pelo contribuinte.

Assim, embora se tenha apresentado três estruturas tributariamente eficientes para a gestão do patrimônio das pessoas físicas é preciso se ter em mente que, uma vez adotas estas devem ser constantemente revistas, seja em razão dos novos conceitos jurídicos criados pelas autoridades ou em razão da constante alteração da legislação tributária.

REFERÊNCIAS

ALMEIDA, Verônica Scriptore Freire e. A Tributação dos *Trusts*. 1 ed. Coimbra: Almedina, 2009.

AMARO, Luciano. Direito tributário brasileiro. 16ª edição. São Paulo: Saraiva, 2010.

ANDRADE FILHO, Edmar Oliveira Andrade. Planejamento Tributário. São Paulo: Saraiva, 2009.

AZEVEDO, Álvaro Villaça. Código Civil Comentado. Negócio jurídico, atos jurídicos lícitos, atos ilícitos, v.II. São Paulo: Atlas, 2003.

BALEEIRO, Aliomar. Direito tributário brasileiro. 11a ed. atualizada por Misabel Abreu Machado Derzi. Rio de Janeiro: Forense, 1999.

BARRUECO, Fernando Mauro; PERROTTI, Pulo Salvador; LERNER, Walter (Coord.). Empresas familiares: estratégias para uma gestão competitiva e aspectos jurídicos essenciais para inovação, sucessão, governança, holding, herdeiros. 2ª edição. São Paulo: IOB, 2010.

BENTO, Paulo (coord.). *Manual de tributação no mercado financeiro*. São Paulo: Saraiva, 2011.

BODIE, Zvi. KANE, Alex. MARCUS, Alan. Investimento. 10ª Ed. São Paulo: AMGH Editora, 2015.

BOZZA, Fabio Piovesan. Planejamento tributário e autonomia privada -serie doutrina tributaria v. XV. São Paulo: Quartier Latin,2015.

BULGARELLI, Waldirio. Manual das Sociedade Anônimas. 13ª edição. São Paulo: Atlas, 2001.

CAMPOS, Diogo Leite de; TOMÉ, Maria João Vaz. A Propriedade Fiduciária (Trust) Estudo para a sua Consagração no Direito Português. Coimbra: Almedina, 1999.

CARRAZZA, Roque Antônio. Imposto sobre a renda (perfil constitucional e temas específicos). 3 ed. São Paulo: Malheiros Editores, 2009.

CARVALHO, Mário Tavernard Martins de. Planejamento sucessório no âmbito da empresa familiar. In. COELHO, Fábio Ulhôa; FÉRES, Marcelo Andrade (Coords.). Empresa Familiar: estudos jurídicos. São Paulo: Saraiva, 2014.

CHALHUB, Melhim Namem. Trust: perspectivas do direito contemporâneo na transmissão da propriedade para a administração de investimento e garantia. Rio de Janeiro: Renovar, 2001.

COELHO, Fábio Ulhôa. Manual de direito comercial: direito de empresa. 24ª edição. São Paulo: Saraiva, 2012.

DIAS, Maria Berenice. Manual das sucessões. 3ª edição. São Paulo: Editora Revista dos Tribunais, 2013.

DINIZ, Maria Helena. Dicionário jurídico. 1º volume, São Paulo: Saraiva, 1998.

DINIZ. Rodrigo Pará. Fundos de investimento no direito brasileiro: aspectos tributários e questões controversas em matéria fiscal. São Paulo: Almedina, 2014.

DUFLOTH, Rodrigo. A proteção do investidor em fundos de investimento. Rio de Janeiro: Lumen Juris, 2017.

EVENSKY, Harold. Wealth management: the financial advisor's guide to investing and managing clients assets. New York: McGraw-Hill, 1997.

FORTUNA, Eduardo. Mercado Financeiro — Produtos e Serviços. 21ª Ed. Rio de Janeiro: Qualitymark, 2017.

FREITAS, Ricardo de Santos. Natureza Jurídica dos Fundos de Investimento. São Paulo: Quartier Latin, 2005.

FREITAS, Rodrigo de. Natureza jurídica dos fundos de investimento imobiliário e regime de tributação. In: Mosquera, Roberto Quiroga. O direito tributário e o mercado financeiro e de capitais. São Paulo: Dialética, 2009.

GAGGINI, Fernando Schwarz. Fundos de Investimento no Direito Brasileiro. São Paulo: Universitária de Direito, 2001.

GRECO, Marco Aurélio. Planejamento Tributário. 3ª edição. São Paulo: Dialética, 2011.

GUTIERREZ, Miguel Delgado. Imposto de Renda: Princípios da Generalidade, da Universalidade e da Progressividade — Série Doutrina Tributária. V. XI. São Paulo: Quartier Latin, 2014.

KIGNEL, Luiz; PHEBO, Márcia Setti; LONGO, José Henrique. Planejamento Sucessório. São Paulo:Noeses, 2014.

MACEDO, José Alberto Oliveira. ITBI aspectos constitucionais e infraconstitucionais. São Paulo: Quartier Latin, 2010.

MACHADO, Hugo de Brito. Introdução ao planejamento tributário. 3ª edição. São Paulo: Malheiros Editores, 2014.

MARTINS, Ives Gandra da Silva (coord.). Curso de Direito Tributário. 13ªEd. São Paulo: Saraiva, 2011.

MARTINS, Ives Gandra da Silva. Elisão e evasão fiscal. São Paulo: Revista Dialética, n. 225, 2014.

MARTINS, Ricardo Lacaz. Tributação da renda imobiliária. São Paulo: Quartier Latin, 2011.

MARQUES, Érico Veras; CORREIA NETO, Jocildo Figueiredo. Gestão financeira familiar: como as empresas fazem. Rio de Janeiro: Editora Alta Books, 2016.

MAUDE, David. Global private banking and wealth management. London: John Wiley & Sons, 2007.

MIRANDA, Francisco Cavalcanti Pontes de. Tratado de Direito Privado. Tomo I, § 24. 1 ed. Bookseller,2004.

MONTEIRO, Washington de Barros. Curso de direito civil: parte geral v.1. 39ª edição. São Paulo: Saraiva, 2003.

MORAES, Alexandre de. Direito Constitucional. 21 edição. São Paulo: Jurídico Atlas, 2006.

NEVES, Andrea Nogueira. Considerações sobre a Tributação dos Fundos de Investimento Fechados. In: MOSQUERA, Roberto Quiroga (coord.). O Direito Tributário e o Mercado Financeiro e de Capitais. São Paulo: Dialética, 2009.

OLIVEIRA FILHO, Bolivar Godinho de. Gestão de fundos de investimento o seu guia para gestão de carteiras. São Paulo: Saint Paul 2019.

PAIVA, Eduardo Cherez. Fundos de Investimento — Estrutura Jurídica e Agentes de Mercado Como Proteção do Investimento. São Paulo: Quartier Latin, 2016.

PAULSEN, Leandro. Direito tributário, Constituição e Código Tributário à Luz da Doutrina e da Jurisprudência. 9 ed. Porto Alegre: Livraria do Advogado, 2007.

PLACEDINO, Maurício. A Utilização dos Fundos de Investimento no Planejamento Tributário e Patrimonial. In: FREITAS, Bernardo Vianna, VERSIANI,

Fernanda Valle (coord.). Fundos de Investimentos — Aspectos Jurídicos, Regulamentares e Tributários. São Paulo: Quartier Latin, 2015.

Portella, André. Garantia Fundamental da liberdade em direito tributário com especial referência à norma geral anti-elisão. São Paulo: Revista de Finanças Públicas. 17ª volume, n. 85 mar/abr 2009.

Prado, Roberta Nioac; Costalunga, Karine; Kirschbaum, Deborah. Sucessão familiar e planejamento societário II. In: Santi, Eurico Marcos Diniz de (Coord.). Estratégias societárias, planejamento tributário e sucessório. São Paulo; Saraiva, 2010.

Rodrigues, Silvio. Fraude à lei. Enciclopédia Saraiva de direito v.38. São Paulo: Saraiva, 1977.

Sabbag, Eduardo. Manual de direito tributário. 3ª edição. São Paulo: Saraiva, 2011.

Salles, Roberto; Fonseca, Juliana; e Abrantes, Emmanuel Garcia. Aspectos Práticos e Regulamentares da Tributação de Fundos de Investimento. In: Freitas, Bernardo Vianna; Versiani, Fernanda Valle (coord.). São Paulo: Quartier Latin, 2015.

Salomão Neto, Eduardo. O Trust e o Direito Brasileiro. 1 ed. São Paulo: LTr, 1996.

Sandroni, Paulo. Dicionário de Economia do Século XXI. 8ª ed. Rio de Janeiro: Record, 2014.

Santos, Ramon Tomazela. O desvirtuamento da teoria do propósito negocial: da origem no caso *Gregory vs. Helvering* até a sua aplicação no ordenamento jurídico brasileiro. São Paulo: Revista Dialética, n. 243, 2015.

Schoueri, Luis Eduardo (coord.); Freita, Rodrigo de (org.) Planejamento tributário e o propósito negocial — Mapeando decisões do conselho de contribuintes de 2002 a 2008. São Paulo: Quartier Latin, 2010.

Sousa, Almir Ferreira de. Torralvo, Caio Fragata. Krauter, Elizabeth. Rocha, Ricardo Humberto (coords.) Planejamento financeiro pessoal e gestão do patrimônio: fundamento e prática. 2 ed. Barueri: Manole, 2018.

Tôrres, Heleno Tavares. Direito tributário e o direito privado. São Paulo: Revista dos Tribunais, 2003.

Venosa, Silvio de Salvo. Direito Civil: parte geral. 11ª edição. São Paulo: Atlas, 2011.

Xavier, Alberto. Tipicidade da tributação, simulação e norma antielisão. São Paulo: Dialética, 2002.

Referências jurisprudenciais

BRASIL. Conselho Administrativo de Recurso Fiscais. Acórdão 1301-004.133, Rel. Fernando Brasil de Oliveira Pinto, DJe. 26/11/2019. Disponível em https://carf.fazenda.gov.br/sincon/public/pages/ConsultarJurisprudencia/listaJurisprudenciaCarf.jsf. Acesso em 26/09/2020.

BRASIL. Conselho Administrativo de Recurso Fiscais. Acórdão 9101-004.637, Rel. Livia de Carli Germano, DJe. 09/03/2020. Disponível em https://carf.fazenda.gov.br/sincon/public/pages/ConsultarJurisprudencia/listaJurisprudenciaCarf.jsf. Acesso em 26/09/2020.

Referências normativas

BRASIL. Lei nº 4.502, de 30 de novembro de 1964. Dispõe Sobre o Imposto de Consumo e reorganiza a Diretoria de Rendas Internas. Presidência da República.

BRASIL. Lei nº 5.172, de 25 de outubro de 1966. Dispõe sobre o Sistema Tributário Nacional e institui normas gerais de direito tributário aplicáveis à União, Estados e Municípios. Presidência da República.

BRASIL. Lei nº 6.835, de 07 de dezembro de 1976. Dispõe sobre o mercado de valores mobiliários e cria a Comissão de Valores Mobiliários. Presidência da República.

BRASIL. Lei nº 6.404, de 16 de dezembro de 1976. Dispõe sobre as sociedades por ações. Presidência da República.

BRASIL. Decreto-lei nº 1.598, de 26 de dezembro de 1977. Altera a legislação do imposto sobre a renda. Presidência da República.

BRASIL. Lei nº 7.713, de 22 de dezembro de 1988. Altera a legislação do imposto de renda e dá outras providências. Presidência da República.

BRASIL. Constituição da República Federativa do Brasil 1988. Presidência da República.

BRASIL. Lei nº 11.154, de 30 de dezembro de 1991. Dispõe sobre o Imposto sobre Transmissão "inter vivos", a qualquer título por ato oneroso, de bens imóveis, por natureza ou acessão física, e de direitos reais sobre imóveis, exceto os de garantia, bem como cessão de direitos à sua aquisição, e dá outras providências. Prefeitura de São Paulo.

BRASIL. Resolução nº 9, de 05 de maio de 1992. Estabelece a alíquota máxima para o imposto sobre a transmissão causa mortis e doação. Senado Federal.

BRASIL. Lei nº 8.668, de 25 de junho de 1993. Dispõe sobre a constituição e o regime tributário dos Fundos de Investimento Imobiliário e dá outras providências.

BRASIL. Lei nº 8.981, de 20 de janeiro de 1995. Altera a legislação tributária Federal e dá outras providências. Presidência da República.

BRASIL. Lei nº 9.249, de 26 de dezembro de 1995. Altera a legislação do imposto de renda das pessoas jurídicas, bem como da contribuição social sobre o lucro líquido, e dá outras providências. Presidência da República.

BRASIL. Lei nº 9.250, de 26 de dezembro de 1995. Altera a legislação do imposto de renda das pessoas físicas e dá outras providências. Presidência da República.

BRASIL. Lei nº 9.718, de 27 de novembro de 1998. Altera a Legislação Tributária Federal. Presidência da República.

BRASIL. Lei nº 9.779, de 19 de janeiro de 1999. Altera a legislação do Imposto sobre a Renda, relativamente à tributação dos Fundos de Investimento Imobiliário e dos rendimentos auferidos em aplicação ou operação financeira de renda fixa ou variável, ao Sistema Integrado de Pagamento de Impostos e Contribuições das Microempresas e das Empresas de Pequeno Porte — SIMPLES, à incidência sobre rendimentos de beneficiários no exterior, bem assim a legislação do Imposto sobre Produtos Industrializados — IPI, relativamente ao aproveitamento de créditos e à equiparação de atacadista a estabelecimento industrial, do Imposto sobre Operações de Crédito, Câmbio e Seguros ou Relativas a Títulos e Valores Mobiliários — IOF, relativamente às operações de mútuo, e da Contribuição Social sobre o Lucro Líquido, relativamente às despesas financeiras, e dá outras providências.

BRASIL. Lei nº 10.705, de 28 de dezembro de 2000. Dispõe sobre a instituição do Imposto sobre Transmissão "Causa Mortis" e Doação de Quaisquer Bens ou Direitos — ITCMD. Estado de São Paulo.

BRASIL. Lei Complementar nº 104, de 10 de janeiro de 2001. Altera dispositivos da Lei no 5.172, de 25 de outubro de 1966 — Código Tributário Nacional. Presidência da República.

BRASIL. Lei nº 10.406, de 10 de janeiro de 2002. Institui o Código Civil. Presidência da República.

BRASIL. Decreto nº 46.655, de 01 de abril de 2002. Aprova o Regulamento do Imposto sobre Transmissão "Causa Mortis" e Doação de Quaisquer Bens ou Direitos — (ITCMD), de que trata a Lei nº 10.705, de 2000, alterada pela Lei nº 10.992, de 2001. Estado de São Paulo.

BRASIL. Lei nº 11.033, de 21 de dezembro de 2004. Altera a tributação do mercado financeiro e de capitais; institui o Regime Tributário para Incentivo à Modernização e à Ampliação da Estrutura Portuária — REPORTO; altera as Leis nºs 10.865, de 30 de abril de 2004, 8.850, de 28 de janeiro de 1994, 8.383, de 30 de dezembro de 1991, 10.522, de 19 de julho de 2002, 9.430, de 27 de dezembro de 1996, e 10.925, de 23 de julho de 2004; e dá outras providências. Presidência da República.

BRASIL. Decreto nº 6.306, de 14 de dezembro de 2007. Regulamenta o Imposto sobre Operações de Crédito, Câmbio e Seguro, ou relativas a Títulos ou Valores Mobiliários — IOF. Presidência da República.

BRASIL. Instrução CVM nº 472, de 31 de outubro de 2008. Dispõe sobre a constituição, a administração, o funcionamento, a oferta pública de distribuição de cotas e a divulgação de informações dos Fundos de Investimento Imobiliário — FII.

BRASIL. Decreto nº 55.196, de 11 de junho de 2014. Aprova o Regulamento do Imposto sobre Transmissão "Inter Vivos", a qualquer título, por ato oneroso, de bens imóveis, por natureza ou acessão física, e de direitos reais sobre imóveis, exceto os de garantia, bem como cessão de direitos à sua aquisição — ITBI-IV. Município de São Paulo.

BRASIL. Instrução CVM nº 555, de 17 de dezembro de 2014. Dispõe sobre a constituição, a administração, o funcionamento e a divulgação das informações dos fundos de investimento. Comissão de Valores Mobiliários.

BRASIL. Instrução Normativa nº 1.585, de 02 de setembro de 2015. Dispõe sobre o imposto sobre a renda incidente sobre os rendimentos e ganhos líquidos auferidos nos mercados financeiro e de capitais. Receita Federal do Brasil.

BRASIL. Decreto nº 9.580, de 22 de novembro de 2018. Regulamenta a tributação, a fiscalização, a arrecadação e a administração do Imposto sobre a Renda e Proventos de Qualquer Natureza. Presidência da República.

BRASIL. Decreto nº 13.874, de 20 de dezembro de 2019. Institui a Declaração de Direitos de Liberdade Econômica; estabelece garantias de livre mercado; altera as Leis nos 10.406, de 10 de janeiro de 2002 (Código

Civil), 6.404, de 15 de dezembro de 1976, 11.598, de 3 de dezembro de 2007, 12.682, de 9 de julho de 2012, 6.015, de 31 de dezembro de 1973, 10.522, de 19 de julho de 2002, 8.934, de 18 de novembro 1994, o Decreto-Lei nº 9.760, de 5 de setembro de 1946 e a Consolidação das Leis do Trabalho, aprovada pelo Decreto-Lei nº 5.452, de 1º de maio de 1943; revoga a Lei Delegada nº 4, de 26 de setembro de 1962, a Lei nº 11.887, de 24 de dezembro de 2008, e dispositivos do Decreto-Lei nº 73, de 21 de novembro de 1966; e dá outras providências. Presidência da República.